DIE

FESTSTELLUNGSKLAGE.

ZWEI ABHANDLUNGEN

VON

DR. JACOB WEISMANN,

PRIVATDOCENT AN DER UNIVERSITÄT LEIPZIG.

BONN,

BEI ADOLPH MARCUS.

1879.

Vorwort.

Von den vorliegenden Abhandlungen, welche zum Zwecke meiner Habilitation an der Universität Leipzig gedient haben, beabsichtigt die erste, die historischen Wurzeln der Feststellungsklage nachzuweisen, und in Verbindung damit die Manichfaltigkeit der Formen zu zeigen, durch welche in der Vergangenheit das Feststellungsbedürfniss sich Befriedigung verschafft hat; die zweite Abhandlung beschäftigt sich speciell mit der Feststellungsklage der Reichscivilprocessordnung. Der Zweck meiner historischen Untersuchungen brachte es mit sich, dass die Darstellung des gemeinen deutschen Rechtes in ein äusserliches Missverhältniss zu der des mittelalterlichen deutschen und italienischen Rechtes treten musste; das gemeine deutsche Recht enthält selbständige Wurzeln der Feststellungsklage nicht, und es hat den vorhandenen Formen — abgesehen von den im § 24 der ersten Abhandlung dargestellten Mischformen — neue nicht hinzugefügt. Eine ausführlichere, bei der Lückenhaftigkeit des gedruckten Materials übrigens doch nothwendig unbefriedigende Darlegung, in welcher Weise das gemeine Recht mit den überlieferten Formen gewirthschaftet habe, lag von vornherein nicht im Plane meiner Arbeit.

Ich kann endlich nicht umhin, auch an dieser Stelle Herrn Prof. Wach meinen wärmsten Dank zu sagen für die seltene Liebenswürdigkeit, mit welcher er mich bei der Vollendung dieser meiner Erstlingsarbeit durch Rath und That unterstützt hat, insbesondere dadurch, dass er mir den weitgehendsten Gebrauch seiner reichhaltigen Privatbibliothek gestattete; ich verdanke diesem letzteren Umstand unter Anderem die Benutzung wohl des einzigen in Deutschland befindlichen Exemplars der Statuten von Alessandria.

Leipzig, im Juli 1879.

Der Verfasser.

Berichtigung.

S. 84 N. 23 l. IV. 2 st. II. 3.

Inhalt.

Zur Geschichte der Feststellungsklage.

Die Feststellungsklage der Reichscivilprocessordnung.

Zur Geschichte

der

Feststellungsklage.

Einleitung.

„Auf Feststellung des Bestehens oder Nichtbestehens eines Rechtsverhältnisses, auf Anerkennung einer Urkunde oder auf Feststellung der Unechtheit derselben kann Klage erhoben werden, wenn der Kläger ein rechtliches Interesse daran hat, dass das Rechtsverhältniss oder die Echtheit oder Unechtheit der Urkunde durch richterliche Entscheidung alsbald festgestellt werde."

So sanktionirt der § 231 der Reichscivilprocessordnung einen Rechtszustand, welcher in einem grossen Theile Deutschlands bereits besteht. Weit in die Vergangenheit bis in das alte deutsche Recht reichen die Wurzeln dieses Rechtszustandes zurück. Das Sicherungsbedürfniss, welchem der § 231 der CPO. zu dienen bestimmt ist, hat sich frühe schon fühlbar gemacht, und hat sich im Lauf der Geschichte die manichfaltigsten Formen seiner Befriedigung geschaffen. Wunderbar productiv in der Hervorbringung solcher Formen erscheint vor Allem das mittelalterliche italienische Recht; und die italienische Doktrin, welche hier durchaus unter dem Einflusse italienischen Gewohnheitsrechtes steht, ist die Grundlage unseres gemeinen Rechtes geworden. Das italienische Recht bildet daher den Kernpunkt der historischen Abhandlung.

In den Formen des italienischen Rechtes sind aber deutsche Rechtsgedanken lebendig; der Darstellung des italienischen Rechts muss darum nothwendig die Darstellung des reinen deutschen Rechtes vorausgehen. Für die deutschen Rechtsgedanken sucht die italienische Doktrin nach Anhaltspunkten in den Quellen des römischen Rechtes — und findet sie.

Das römische Recht kannte wahre Feststellungen unzweifelhaft in gewissem Umfange; die römischen actiones praeiudiciales sind auf pronunciatio und nur auf solche gerichtet. Für die Bildung der Feststellungsklagen des italienischen Rechts erscheinen gerade sie durchaus belanglos. Das römische Recht kannte Feststellungssurrogate, die Klagen auf cautio als Surrogate positiver, die Liberationscondictionen als Surrogate negativer Feststellungsklagen. An sie knüpft die italienische Doktrin an, unter der Herrschaft deutscher Rechtsgedanken gestaltet sie dieselben zu wahren Feststellungsklagen. Das römische Recht liefert hier in allen Stücken der italienischen Doktrin nur die äusseren Anknüpfungspunkte, oder schafft ihr theoretische Bedenken, die mit mehr oder weniger Geschick überwunden werden; das römische Recht wird darum nicht zur selbständigen Darstellung gelangen.

I. Das mittelalterliche deutsche Recht.

§ 1. Uebersicht.

Um die Entstehung der deutschrechtlichen Feststellungsklagen zu begreifen, ist es vor Allem nothwendig, den Boden, welchem sie erwachsen, einer wenn auch nur flüchtigen Untersuchung auf seine Grundbestandtheile zu unterziehen.

Die Klagen des mittelalterlichen deutschen Rechtes von der späteren fränkischen Zeit [1]) bis hinein in die Zeit der Rechtsbücher und der Stadtrechte, enthalten, wie schon

---

1) Hier mag gleich vorweg bemerkt werden, dass für die älteste Zeit — für die Zeit der Lex Salica — sich hier nur soviel behaupten lässt, dass jedenfalls das exekutivische Verfahren Feststellungsklagen schon begrifflich ausschloss; ein jedes von vornherein auf Vollstreckung zugeschnittene Verfahren duldet naturgemäss keine Feststellungsklagen. Ausserdem setzen Feststellungsklagen doch wohl ein schon entwickelteres Rechtsleben voraus.

vielfach bemerkt worden ist[2]), sofern sie gegen einen bestimmten Gegner gerichtet sind, wesentlich den Vorwurf eines Unrechtes; die Vertheidigung des Beklagten, die Antwort auf die Klage, ist nothwendig eine Verantwortung. Einen Vorwurf für den Beklagten enthält die Anefangs-, enthält die Grundeigenthumsklage[3]), einen Vorwurf — und das ist den römischen Präjudicialklagen gegenüber besonders charakteristisch — enthalten auch die Statusklagen des deutschen Rechtes; seinen Untergebenen beschuldigt der klagende Herr, dass er nachlässig im Dienste sei, sich gar demselben entziehe; und wer Anerkennung seiner Freiheit begehrt, der klagt, dass sie ihm geschmälert werde[4]). Aus dem Processe selbst erwachsen neue Deliktsklagen; die Anfechtung eines Zeugnisses erfolgt durch Anklage wegen falschen Zeugnisses, die Echtheit einer Urkunde wird angefochten durch den Vorwurf der Fälschung, ein Urtheil durch Klage gegen die Urtheiler, eine Pfändung durch Beschwerde wegen unrechter Gewalt[5]): über Bestehen oder Nichtbestehen der Forderung wird entschieden, indem über die Anklage wegen unrechter Pfändung entschieden wird.

Nicht nothwendig aber enthält die deutschrechtliche Klage[6]) eine bestimmte sachliche Bitte[7]); während nach unserem seitherigen und künftigen[8]) gemeinen Processrecht die Klage in einen bestimmten Antrag auslaufen muss, welcher dem Process zugleich seine Richtung und seine

---

2) Neuerdings von Planck, das deutsche Gerichtsverfahren im Mittelalter I. S. 367.

3) Iniuste tenes, in den fränkischen Formeln, malo ordine tenes in den Formeln des Liber Papiensis.

4) Vgl. z. B. Form. Roz. 458—460. 480—483. Muratori, Ant. Ital. V. 311.

5) Vgl. Brunner, Entstehung der Schwurgerichte S. 46 f.

6) Wie gelegentlich schon Ficker hervorgehoben hat, Forschungen zur Reichs- und Rechtsgeschichte Italiens, I. § 7. S. 25; vgl. Planck, Gerichtsverfahren I. S. 358. 235.

7) Sondern nur die processuale Bitte um das Antwortgebot. Planck, Gerichtsverfahren I. S. 358.

8) CPO. § 230. Z. 2.

Schranken weist, so wird es, noch im späten Mittelalter [9]), nur als ein guter Behelf empfohlen, „seinen Wunsch in des Richters und der Urtheiler Gedanken zu bringen“ [10]).

„Was darum Recht ist“, so lautet die gewöhnliche Frage der Parteien an das Gericht, und das Urtheil ist die Antwort auf ihre Frage, die Auskunft, was Rechtens sei in dem streitigen Verhältnisse, zu dessen Ordnung sie das Gericht angerufen haben.

„Was Rechtens sei“, fragen aber die Parteien nicht blos mit Bezug auf das, was geschehen ist, sondern auch auf das, was geschehen soll; vor Allem für ihr processuales Handeln erbitten sie im Voraus sich die Norm vom Gerichte.

Und bald von dieser bald von jener Seite kann im Laufe des Processes die Frage, kann die Gegenfrage ausgehen. Vorbeugend kann auch der Beklagte von sich aus begehren, dass der Umfang seiner Verpflichtung, er kann begehren, dass Gegenansprüche [11]), welche mit der Klage in rechtlichem Zusammenhang stehen, durch richterliches Urtheil festgestellt werden. Seinem ganzen Umfange nach soll das streitige Rechtsverhältniss im Processe seine Feststellung finden, nach allen Seiten hin geordnet, soll es aus dem Streit hervorgehen [12]).

---

9) Cautela bei Homeyer, Richtsteig S. 395.

10) Aus diesem Mangel eines festen Klagpetitums ergibt sich auch die Möglichkeit der sogen. „gemengten Klagen“ (Rstg. Ldr. 39, Homeyer, Richtsteig S. 445 ff.); von dem Klagvorwurf aus kann der Kläger ebensowohl zum Begehr vermögensrechtlicher Ausgleichung wie zum Antrag auf criminelle Bestrafung gelangen.

11) Wiewohl doch bekanntlich im Uebrigen, bevor seine Klage erledigt ist, der Kläger sich auf eine Widerklage nicht einzulassen braucht; vgl. z. B. Ssp. III. 12, 1. Sächs. Lnr. 18; Tomaschek, Oberhof zu Iglau, II. 47.

12) Vgl. z. B. Rstg. Ldr. 12. 15, 1. 27, 4 (ausführlicherer Text bei Homeyer, Richtsteig S. 389, Nr. 5), auch 16, 4; so fragen auch bei Tomaschek, Oberhof I. 242 (Iglauer Schöffenspruch aus der Mitte des XIV. Jahrhunderts s. Einl. S. 34) die Beklagten: „da sie den Kaplan (zum Lesen der Seelenmesse für den Erblasser) vor aller Ansprache gemacht hätten — ob nun ihr Eidam und ihre Tochter nicht den Kaplan von ihren zwei Theilen (welche Gegen-

Immer reicher gegliedert wird im Verlaufe der Entwickelung das System von Fragen und Urtheilen, aus welchen der Process sich aufbaut. In immer mittelbarere Beziehung treten die einzelnen Urtheile zu dem sachlichen Begehren des Klägers, zu dem eigentlichen Ziel der Klage. Auch das Endurtheil in der Sache selbst ist formell nur Feststellung, deutet nicht zurück auf einen Anspruch des Klägers [13]); auch auf die Vollstreckung wird durch gesondertes Urtheil erkannt [14]).

Der Beginn des Processes eine Beschuldigung — das Ende, formell wenigstens, eine Feststellung; das ist der Punkt, zu welchem diese Darstellung gelangen sollte.

Noch innerhalb des deutschrechtlichen Klagbegriffes entwickeln sich, wie gezeigt werden soll, Feststellungsklagen. Förderlich auf ihr Wachsthum wirkt nach einer Seite hin die Oeffentlichkeit des Processes, genauer: die Natur der Gerichtsversammlung als der Versammlung der Gemeindegenossen [15]); und zwar in doppelter Hinsicht. Einmal kann, und soll auch in gewissem Umfang [16]), das Urtheil des Gerichtes unter allen betheiligten Gemeindegenossen Recht schaffen, das streitige Rechtsverhältniss unter allen Betheiligten feststellen. Dann aber: die Gemeindeversamm-

---

stand des Streites gewesen waren) halten sollten." Ebenso ist Verurtheilung zu Leistung um Gegenleistung, im Gegensatz zu der streng einseitigen römischen Condemnatio, etwas dem deutschen Process durchaus Entsprechendes, und ist in den gemeinen Process, wie es scheint, aus dem mittelalterlichen deutschen Processe übergegangen; vgl. z. B. Michelsen, Oberhof zu Lübeck Nr. 138.

13) Vgl. Heusler, Gewere S. 69.

14) Hierher gehört der Satz des Sachsenspiegels I. 53, 3 (vgl. auch II. 41, 1), dass der Fronebote Keinen pfänden dürfe, er werde denn „mit ordelen" dazu gewonnen; der Satz wiederholt sich in den Rechten, welchen der Sachsenspiegel zu Grunde liegt; im Schwabenspiegel findet sich, bemerkenswerther Weise, kein entsprechender Satz. Vgl. Rstg. Ldr. 7, 3. 14, 1. 23, 5. 24, 4. 43, 8. Planck, Gerichtsverfahren II. S. 250. 265.

15) Vgl. Planck, Gerichtsverfahren I. S. 168 ff.

16) Planck, Gerichtsverfahren I. S. 169.

lung ist als solche Organ nicht bloss der streitigen, sondern auch der freiwilligen Gerichtsbarkeit. In der Gemeindeversammlung können und sollen nicht bloss bestehende Rechtsverhältnisse geordnet, sondern auch noch nicht bestehende neubegründet, und durch diese ihre Begründungsweise vor künftiger Anfechtung gesichert werden. Daraus ergibt sich eine besondere Gruppe auf Feststellung abzielender Rechtsstreitigkeiten.

Soll nämlich ein Rechtsverhältniss durch seine Begründung in der Gemeindeversammlung in seinem Bestande gesichert werden, so muss vor allem der Begründungsakt selbst sich gegen den Widerspruch der Gemeindegenossen erhalten, müssen vor Allem die Voraussetzungen seiner Gültigkeit jedem erhobenen Widerspruche gegenüber im Wege des Processes festgestellt werden.

Feststellungsklagen sollen dazu dienen, nicht geschehene Verletzungen wieder gutzumachen, sondern künftigen vorzubeugen; die Sorge für Erhaltung des Friedens aber ist vor Allem die Aufgabe des deutschen Königs, vom Schutze des Landfriedens gegen innere und äussere Feinde bis herab zum Schutze des Rechtsfriedens der Einzelnen! Und bei dieser Sorge steht dem König neben einer höheren Machtvollkommenheit und schärferen Zwangsmitteln auch ein freier gestaltetes Processverfahren zu Gebote. Auch speciell dem königsgerichtlichen Verfahren entspringen Feststellungsklagen.

Endlich gehört dem Kreise des Lehnrechts eine besondere Klasse von Feststellungsklagen eigenthümlich an.

Mit dieser Uebersicht über die Wurzeln der deutschrechtlichen Feststellungsklagen ist zugleich der Gang der folgenden Darstellung vorgezeichnet. Was das Erstarken aller dieser Wurzeln gleichmässig befördert und was sie andererseits zu einem Stamme verbindet, das ist die Natur des Urtheils, wie sie mitentwickelt erscheint durch die fast allen deutschen Stämmen gemeinsame Trennung des Richteramtes vom Amte der Urtheiler. Ist das Urtheil ein Zeugniss geltenden Rechtes, warum soll es nur in einem Rechtsstreite begehrt werden dürfen? Und dürfen die Parteien vom Gericht die Norm für ihr Handeln im Process sich erbitten, warum nicht auch für ihr Handeln ausser dem Process? [17])

So [18]) erscheint denn das Weisthum als eine Art des Urtheils, so werden mit Urtheilen auch Verwaltungsangelegenheiten erledigt, so lässt zuweilen selber der König seine Befugniss zu beabsichtigten Regierungshandlungen, bevor er sie ausführt, sich durch ein Urtheil des Gerichtes bezeugen [19]); so ist es ferner theils Recht theils Sitte, dass der Lehensherr seine Mannen im Lehensgericht um Urtheil fragt über die Rechtmässigkeit von Handlungen, die er als Lehensherr vornehmen, über die Verbindlichkeit von Geboten, die er als Lehensherr erlassen will, über die Folgen, welche den Ungehorsamen treffen sollen [20]). So ist es endlich Gebrauch, dass auch der Private vom Gericht, auch in einseitigem Verfahren, ein Urtheil erbittet, welches ein nur formell gültiges ihm nachtheiliges Rechtsgeschäft, sei es ein eigenes, sei es ein fremdes, ausdrücklich für unverbindlich erklären soll. In dieser Weise kann die Unverbindlichkeit von gerichtlichen wie aussergerichtlichen Akten (z. B. von Veräusserungen [21]), auf Antrag durch förmliches Urtheil festgestellt werden; namentlich ist es gebräuchlich die Unverbindlichkeit erzwungener Rechtsgeschäfte in öffentlicher Gerichtsversammlung sich durch Urtheil in einseitigem Verfahren [22]) bezeugen zu lassen.

---

17) Vgl. Planck, Gerichtsverfahren I. S. 305 u. 306.

18) Planck, I. S. 306 u. 307.

19) Vgl. z. B. Pertz, Monum. Germ. Leg. II. Sent. 454 (a. 1290).

20) Vgl. Sächs. Lnr. 45, 1—3. 79, 2. 72, 5. 46. 42, 1. Rstg. Lnr. 26, 4. 26, 5; cf. Homeyer, Lehnrecht § 24. III. A. 2 S. 378. § 63. Nr. 11 b. S. 560. § 73. Nr. 1. S. 582 (§ 84. Nr. 1 a S. 613).

21) Pertz, Monum. Germ. Leg. II. Sent. 186. 194. 144. 223. 266; vgl. 435. 444, auch 127.

22) Vgl. Franklin, Sententiae curiae regiae Nr. 282. 283. 285, und dazu das allgemeine Zeugniss des Schwabenspiegels (Gengler) Art. 255, § 1: „Hat aber er in ungetriwelichen gevangen oder ze unrechte dar zu betwungen und hat er gesworen oder sûs gelübede getan, oder burgen gesezet: des ist er alles mit rehte ledic. Wil er aber mit rehte da von komen, so sol er varn für sinen richter, und sol da mit urteil da von komen. Da sol man im ur-

Die echten Feststellungsklagen jedoch sind nur im zweiseitigen Verfahren zu suchen[23]).

§ 2. Klage und Feststellung.

„Die Klage der Vorwurf eines Unrechts" — wie kann innerhalb dieses Begriffes eine Feststellungsklage Raum finden, wie ist es möglich, mittels einer so gearteten Klage zur Feststellung eines Rechtes zu gelangen, ohne dass das Recht „verletzt" wäre?

Zwei Wege sind denkbar, zwei Wege hat das deutsche Rechtsleben eingeschlagen.

Erstens ist es möglich, dass nicht bloss an die thatsächliche Verletzung, sondern dass schon an die Bestreitung eines Rechtsverhältnisses sich Rechtsfolgen knüpfen.

Solche Rechtsfolgen kann herbeiführen der eigene Wille der Parteien[1]), indem sie sich durch Vertrag einer an den Gegner zu zahlenden Busse, einer an den Fiscus zu erlegenden Geldstrafe unterwerfen, für den Fall dass ein bestimmtes Rechtsverhältniss, sei es auch nur durch Wort, von ihnen angefochten werden sollte; meist geschieht diese Unterwerfung bei Begründung des Rechtsverhältnisses selbst. Urkunden solchen Inhaltes sind — aus der Zeit der Volksrechte — ungemein häufig, so häufig, dass sie als der Ausdruck eines allgemeinen Rechtsgedankens gelten dürfen: schon die unbegründete Bestreitung eines Rechtes ist eine Störung desselben, ist ein Unrecht[2]).

---

teilen, daz er dirre dinge aller ledic sî, und enmac in dor nach deheim man dar umbe an gesprechen."

23) Grundsätzlich sind daher im Folgenden solche Urkunden ausgeschlossen, welche auch nur die Möglichkeit offen lassen, dass es sich um eine blosse Rechtsbelehrung, wenn auch auf gleichzeitige Anfrage zweier Parteien, handele; citirt werden nur solche Urkunden, welchen unzweifelhaft ein zweiseitiger Process zu Grunde liegt.

1) Vgl. Ed. Liutpr. 107.

2) R. Löning, welcher diese „Strafclauseln" einer gründlichen Untersuchung unterzogen hat (s. darüber seine Habilitationsschrift sowie den Anhang zu seinem „Vertragsbruch" (1876) S. 534 ff.), bezieht die Ausdrucksweise der Urkunden nur auf den

In einzelnen Anwendungsfällen tritt dieser Gedanke auch in Bestimmungen des objektiven Rechtes hervor. Die unbegründete symbolische Eigenthumsbehauptung stellt das Longobardische Recht unter Strafe.

Ed. Liutpr. 148: Si quis ex sua auctoritate terra aliena sini puplico wifaverit, dicendo quod sua debeat esse, et postea non potuerit provare quod sua sit, conponat solidos sex quomodo qui palo in terra aliena figit[3]).

Wifare bedeutet nicht Pfänden[4]); denn die Strafe unrechtmässiger Pfändung beträgt nicht 6 solidi, sondern das Neunfache[5]). Die Strafe ist auch keine Strafe wegen Besitzesstörung, denn sie wird ja abgewandt durch den Beweis des behaupteten Eigenthums. Die begleitenden Worte „dicendo suam esse" deuten vielmehr auf eine symbolische Eigenthumsbehauptung; kann diese Behauptung nicht bewiesen werden, so wird sie bestraft, eben weil sie als unbegründet sich herausstellt.

Wie also z. B. der Vindikationsprocess charakterisirt ist durch die doppelte Richtung auf die Sache und auf die Busse, so hat in diesen Fällen der Process die doppelte Richtung auf Feststellung und auf Busse.

Im deutschen Recht des späteren Mittelalters erweisen sich einzelne Rechtsverhältnisse gegen Anfechtung besonders empfindlich; an die Bestreitung bestimmter Rechtsverhältnisse, welche für den Bestreitenden Rechte und Pflichten erzeugen, knüpft die Rechtsordnung deren Untergang die

---

Fall gerichtlicher Anfechtung; vgl. Vertragsbruch S. 544 ff., 562 ff. Ich glaube, dass, was die vertragschliessenden Parteien selbst anbelangt, weiter gegangen und angenommen werden darf, dass auch schon die aussergerichtliche Anfechtung von der Strafclausel getroffen werde; in der Processurkunde bei Ficker, Forschungen IV. Nr. 8, ist ganz entschieden keine processuale Anfechtung vorausgesetzt. Dritten gegenüber konnte freilich die Strafclausel nur soweit wirksam werden, als die Bestimmung des objektiven Rechtes reichte; vgl. Löning, Vertragsbruch S. 579 ff.

3) Liutpr. 47.

4) Padeletti, fontes im Glossar s. v. wifare, wifa.

5) Das ist schon von Wach, Arrestprocess S. 15 Anm. hervorgehoben worden.

Folge der Verwirkung. Das Abläugnen des Lehnsverhältnisses Seitens des Lehnsmannes ist eine Verletzung der geschuldeten Lehnstreue, hat den Verlust des Lehns zur Folge [6]). Die Frau verliert ihre Leibzucht an einem Gute, wenn sie fälschlich Eigenthum sich daran zuschreibt [7]). In diesen Fällen ist die Klage zwar unmittelbar auf das angeblich verwirkte Gut gerichtet [8]); aber doch kann sie gerade dazu dienen, die Anerkennung des Beklagten zu erzwingen [9]).

Der zweite, breitere Weg, welchen die Praxis der Schöffengerichte betreten hat, ist folgender. Es bedarf nicht einer schon eingetretenen thatsächlichen Rechtsverletzung, es genügt die Behauptung einer Rechtsbedrohung, um die gerichtliche Entscheidung über ein streitiges Rechtsverhältniss herbeizuführen; neben die vermögensrechtliche Klage wegen Rechtsverletzung tritt die vermögensrechtliche Klage wegen Rechtsgefährdung. Nicht dass er Unrecht gethan habe, sondern dass er es thuen wolle, ist der Vorwurf, welcher dem Beklagten in der Klage gemacht wird.

Klagen dieses Inhaltes treten auf, soviel ersichtlich seit dem vierzehnten Jahrhundert, in der Praxis sowohl norddeutscher wie süddeutscher Schöffengerichte; und zwar mit Bezug auf Rechtsverhältnisse der verschiedensten Art; nirgends taucht an ihrer Zulässigkeit ein Zweifel auf [10]).

---

6) Sächsisches Lehnrecht (Homeyer) 17, 2.

7) Sachsenspiegel I. 32. Vgl. Keyserrecht II. 76. (Endemann S. 115, N. 10.) Vgl. Planck, I. S. 241 f.

8) Richtst. Ldr. 25, 4. Richtst. Lnr. 15, 1.

9) Richtst. Lnr. 15, 1.

10) Magdeburger Schöffenrecht der Dresdener Handschrift (Wasserschleben, Sammlung II) cap. 168 (S. 99): „— petir clagit czu andreas das her en awstreiben welde aws eynen erbe — dorinne her gesessen hat den winter und noch das halbe iar dorynne syczen sulde ab her en ir mag awstreiben denne die czeit kommet als her gemyt hat — ab petir seynen tag icht awsiczczen sulle adir was recht sey. —" Das Magdeburger Schöffenurtheil lautet, das Dresdener bestätigend: „petir sal seyne mytunge behaldin."

So ferner das Schöffenurtheil des Sächsischen Weichbild-

Und dass man als unrechte Bedrohung, geeignet eine negative Feststellungsklage zu begründen, auch die Bedrohung mit einer unbegründeten Klage betrachtete, auch dafür mangelt es an einem Anhaltspunkte nicht [11]).

Je grösser die Macht auf Seiten des Bedrohenden, um so grösser natürlich die Gefährdung. Mit der rechtlichen Macht ausgestattet, ihre Forderungen selbständig durchzusetzen, ist, dem Einzelnen gegenüber, die Obrigkeit; sie muss diese Macht besitzen, wenn nicht höhere, öffentliche Interessen leiden sollen. Aber auch das private Interesse hat Anspruch auf Gehör; dem Einzelnen ist es nicht

---

rechts der Danziger und der Brünner Handschrift (Steffenhagen in der Zeitschrift für Rechtsgeschichte, Bd. XII. S. 3): „— ein vrawe claite czu irre muter und czu irre anvrawen umme erin rechtin aneval an einem hawse, das ir an irstorbin were von irem rechtin anherrin, das si ir den entphremdin woldin in fremde hant.“

Vergl. Dresdener Schöffenurtheil (Wasserschleben IV) cap. 40 (S. 172): „— Nu kommet des selbin kindes vatir bruder der do tod ist und wil uns unsirs brudern gut entwendin.“

Von den Iglauer Schöffensprüchen gehört hierher Tomaschek, Oberhof zu Iglau I. 298: „Nun will sich sein Sohn der Vormundschaft unterwinden“ (aus dem Ende des XIV. oder Anfang des XV. Jahrhunderts, s. Tomaschek, Einleitung S. 35), auch wohl I. 248 (aus der Mitte des XIV. Jahrhunderts, s. Einleitung S. 34): „An demselben gut — hindert sy yr pruder, und czeucht sich an eyn beschidung, dy ir peder vater getan hat an seynen leczten czeyten — ob ir — vater hernach mit kayner beschidung — ir yr erbtayl, das her ir vorgelobt hat, anders ymant vorschriben oder vorgeben muge — oder was eyn recht sey dorvm;“ vgl. das „hindern an seynem erb“ das. I. 245, weil das „erb ansprech“ gemacht ist, worüber I. 47 de hereditatis impeticione.

11) Als solchen betrachte ich das Dresdener Schöffenurtheil bei Wasserschleben IV. 36 (S. 169): „— Ich — beschuldige de muschennyne ummb eynen hoff den ich ir abgekoufft habe —. Nu ist der selbe hoff verbrant — alz mir die frawe den hoff ny gerumet hat — und mir nu czu treyd und getragin hat das ich gesprochin und gereth hette Ich welde die wage an dem hoffe habin und tragen das do ny gescheen ist — ab nu der hoff — der frawen addir meir vorbrant solle seyn — adir was eyn recht sey.“ Die hervorgehobenen Worte wären nach gemeinem Recht eine Diffamationsklage zu begründen geeignet.

gänzlich versagt, sein berechtigtes privates Interesse den Forderungen der Obrigkeit gegenüber zur Geltung zu bringen, und zwar in den Formen des Civilprocesses, in welchen sich auch die Streitigkeiten des öffentlichen Rechtes bewegen (wie denn ja bekanntlich öffentliches und privates Recht im deutschen Mittelalter nicht durch scharfe Grenzlinien von einander geschieden sind). Nur kann der Einzelne sein Interesse nicht zur Geltung bringen im Weg der processualen Vertheidigung, er kann es nur im Weg der Klage; zum Schutze seines Interesses verleiht ihm das deutsche Recht eine Widerspruchsklage, eine „Defensionalklage", wie man sie nennen könnte [12]).

Verlangt ein Herr von den seiner Gewalt Unterworfenen neue Dienste, neue Abgaben, soll auf einer Strasse, einem Flusse ein neuer Zoll erhoben werden, so steht den also Bedrohten Klage zu; diese Klage gründet sich auf die Auflage, auf das Verlangen als solches; nicht setzt sie nothwendig eine bereits eingetretene thatsächliche Verletzung voraus; ihr Zweck ist wesentlich gerade der, die Auflage zu beseitigen, künftiger thatsächlicher Verletzung vorzubeugen [13]).

Gibt schon die blosse Gefahr eines Unrechtes dem Bedrohten das Recht, einseitig auf richterliche Entscheidung anzutragen, so ist es nicht wunderbar, dass eine solche auch dann ertheilt wird, wenn die Parteien, zur Vermeidung von Unrecht, sie übereinstimmend begehren. So werden, auf übereinstimmenden Antrag der Betheiligten, eheliche Güterrechtsverhältnisse [14]), werden Vermögensrechte Unmündi-

---

12) Nach einem Ausdrucke Ihering's, Geist des römischen Rechts III. § 52 (2. Auflage S. 108 ff.); vgl. auch Karlowa, Civilprocess zur Zeit der Legisaktionen S. 346.

13) Vgl. z. B. Franklin, Sententiae curiae reg. 331 und mehrfach in demselben Abschnitt; Pertz, Monumenta Germaniae Leg. II. 454. 103. Muratori, Antiquitates Italiae I. 777.

14) Bamberger Hofgerichtsurtheil von 1502 (herausgegeben von Seitz) in der Zeitschrift für Rechtsgeschichte, Bd. V. S. 449. Bemerkenswerth ist schon das Rubrum des Urtheils, welches lautet: „in Sachen der Sperr und Irrung" u. s. w., nicht wie in den übrigen mitgetheilten Urtheilen des Hofgerichtsbuches: bloss „in

ger [15]) durch richterliches Urtheil festgestellt. — Hiermit aber stehen wir dicht an der Grenze, welche die streitige Gerichtsbarkeit von der freiwilligen scheidet.

§ 3. Rechtsstreit unter Anspruchsprätendenten.

Das Urtheil ist Zeugniss darüber, was in einem gegebenen Streitfall Rechtens sei, mit bindender Kraft ausgestattet für alle Betheiligten. Und es kömmt auch zu Stande unter Theilnahme aller Betheiligten, in der Versammlung der Gemeindegenossen [1]). Es bildet der Process kein streng nach aussen abgeschlossenes Verhältniss zwischen zwei Parteien und dem Gerichte. Auch dritten Betheiligten ist die Befugniss verliehen, in den anhängigen Rechtsstreit handelnd einzutreten [2]). Eine Condemnation freilich ist nur denkbar von Partei zu Partei; ein Zeugniss über einen Rechtssatz aber kann mit bindender Wirkung gegenüber beliebig vielen Betheiligten abgelegt werden, kann zur Auseinandersetzung der verschiedensten sich einander kreuzenden Interessen dienen.

So ist die Möglichkeit gegeben, dass zwischen zwei Personen ein Rechtsstreit entstehe, nicht indem die eine von der andern etwas begehrt, sondern indem beide von einer dritten dasselbe begehren.

Der Sachsenspiegel erwähnt speciell den Fall, dass zwei Personen auf Grund eines singulären erbrechtlichen Titels denselben Erbschaftsgegenstand vom Erben in Anspruch nehmen [3]).

Sachen" oder „in Sachen der Klag" u. s. w.; auch ist sonst in dem Urtheile weder von Klage noch von Kläger die Rede; in dem Aktenprotokoll heisst es: hansen Stubenrauchs anzeigung wider Otilia sein hausfr.

15) Iglauer Schöffenurtheil bei Tomaschek, Oberhof I. 282, aus dem Ende des XIV. Jahrhunderts, s. Einleitung S. 35.

1) Planck, das deutsche Gerichtsverfahren im Mittelalter I. S. 169.

2) Inwieweit dieser Befugniss eine Verpflichtung entspricht, bleibt hier ausser Betracht.

3) Ssp. III. 15, 1. Unter dem „sprechen ûf ein gut" ist wohl gerichtliches Ansprechen zu verstehen; darauf deutet auch § 3; denn

Ueberhaupt einen Streit um Gut oder Erbe setzt der vermehrte Sachsenspiegel voraus[4]. Zu völliger Allgemeinheit endlich ist das Glogauer Rechtsbuch durchgedrungen. Es bestimmt ganz allgemein, dass, wenn mit Bezug auf einen Anspruch irgend welcher Art zwei Prätendenten klagend aufgetreten seien, so lange, bis unter ihnen der Streit entschieden sei, dem Beklagten auf seinen Antrag Frist solle gewährt werden[5].

So entsteht diejenige Processfigur, welche die gemeinrechtliche Processtheorie mit dem Namen der Principalintervention belegt hat. Der Vorwurf, welchen hier ein Anspruchsprätendent gegen den anderen erhebt, ist der unbestimmte, dass jener ihn „hindere" an seiner Forderung[6].

---

der Richter hat doch wohl keine Veranlassung, das Gut an sich zu nehmen, wenn der Erbe ganz ausser dem Streit geblieben ist und die Parteien von vornherein darüber einig sind, dass bis zur Entscheidung das Gut bei dem Erben verbleibe. Vgl. jedoch Planck, Gerichtsverfahren I. S. 726 f.

4) I. 20, 1. „Krigen me lute wen zcwene umbe eyn gud odder erbe, wer daz under on had, der sal daz behalden, bis daz sy sich mit rechte dorusz gescheyden. Dornoch sal her is denne antworten, deme is mit rechte zcugeteylt wird. Daz is lantrecht unde weichbilde." Der Besitzer des Gutes muss hier als mitstreitend gedacht werden; ich wüsste mir wenigstens sonst nicht die Beschränkung auf den Fall zu erklären, dass mehr als zwei Leute um ein Gut streiten. Parallelstellen s. bei Ortloff, Rechtsbuch nach Distinktionen S. 361.

5) Wasserschleben, I. 629. „Ab czwene eynen man umme eyne sache ansprechen begert de entworter der frist zo lange bis yr eyner czu der forderunge geweist wird mit dem rechte daz her moge gewissen kegen wenne her dy sach vorentworten sulle Daz bekompt her billich."

6) Dresdener Schöffenurtheil bei Wasserschleben IV. 29: „Eyne frawe spricht gar bescheydenlich: das sie eynen elichen man gehabt habe, — der do schoff — vorkoufft hat (die selbin, die die schoff gekoufft haben, synt ouch vor gehcyter banck beclayt). — Ab das dorummb die schoff gegebin synt icht billicher der frawen volgen sulle denne sie ymant doran gehindern moge adir was hirummb ein recht sey. Petir der spricht gar bescheydenlich Alzo alz mathis und niclaus seyn kumpan und pauel ir burge" (die be-

Der Beklagte kann nun auch ganz aus dem Processe ausscheiden, indem er das streitige Gut dem Richter ausantwortet, sei es freiwillig, sei es auf des Richters Begehr; denn dadurch wird er frei [7]).

Und so können denn auch schon von vornherein die Anspruchsprätendenten allein gegen einander klagend auftreten, insbesondere dann, wenn der Schuldner, der seine Verpflichtung an sich nicht bestreitet, bereits den geschuldeten Gegenstand freiwillig deponirt hat [8]).

Den Streit mehrerer Anspruchsprätendenten unter einander pflegt man jetzt als Präjudicialstreit zu bezeichnen [9]). Das deutsche Recht ist von anderer Anschauung geleitet.

Die Fälle, in welchen die Parteien wechselseitig ein Recht auf ein Gut geltend machen, unter einander um den Besitz eines Gutes streiten, wiewohl keine sich im Besitz befindet, fasst das Deutsche Recht unter dem Begriffe zusammen, dass die streitenden Theile „sunder gewere" sind [10]); einem Begriff, dessen wesentliche Bedeutung auf

---

klagten Schuldner) „— bekant haben petir schossmede" (der Redende, der das Kaufgeld für sich in Anspruch nimmt) „— das geld das sie globit han und wissen von der frawen nicht die dorummb reth. Sundir" (sprechen die Schulder) „das gelt habe wir globet schossmede — von geheysze wegen hanemannes" (des Ehemanns der Klägerin) „— ab ich dem gelde icht nehir sey denne mich ymant do von gedringen moge."

7) Sachsenspiegel III. 15, 3; vermehrter Sachsenspiegel I. 33, 4; vgl. die Parallelstellen bei Ortloff, Rechtsbuch nach Distinktionen S. 379; Schwabenspiegel (Gengler) 224. Planck, Gerichtsverfahren I. S. 727. In Wasserschleben IV. 29, S. 164 könnten die Worte „das do gelegit ist yn geheyte banck" auf eine gerichtliche Deposition des geschuldeten Geldes bezogen werden; es möchte jedoch vielmehr damit ein vor Gericht abgelegtes Gelöbniss gemeint sein. S. Planck, Gerichtsverfahren I. S. 727.

8) Schöffenrecht der Dresdener Handschrift (Wasserschleben II) 150 (S. 96).

9) Vgl. z. B. Entscheidungen des Reichsoberhandelsgerichts Bd. V. S. 87 ff.; hinsichtlich der Principalintervention Bruns, Besitzklagen S. 3. Eben darum durfte diese Erscheinung hier nicht unberücksichtigt bleiben.

10) Der Gegensatz des Falles „gelîker gewere"; vgl. Ssp. II. 43, 1. Rstg. Ldr. 26, 5. 27, 1. Rstg. Lnr. 29, 3. 5 (Sächs. Lnr.

dem Gebiete des Beweisrechtes liegt [11]). In allen diesen Fällen ist es nun freilich keine sachliche Leistung, welche die Parteien von einander begehren. Es theilen aber bekanntlich die deutschen Rechtsquellen die Klagen nach ihrem Objecte ein [12]). „Die Klage charakterisirt sich nach dem, was der Kläger fordert, wozu ihm der Richter verhelfen soll [13]).“ Und was in diesen Fällen jede Partei begehrt, wozu einer jeden der Richter verhelfen soll, das ist doch eben das streitige Gut; ihre Klage ist darum wechselseitige [14]) Klage auf ein Gut [15]). Sie begehren Beide den Besitz des Gutes, die Einweisung auf Grund gerichtlichen Urtheils, mit all' deren Garantieen, und hindern sich Beide an der Erfüllung ihres Begehrens dadurch, dass sie Beide dasselbe begehren: ein Jeder von ihnen kann dem Andern den Vorwurf machen, zwar nicht dass er ihm das streitige Gut genommen habe, wohl aber den allerdings unbestimmten, dass er es ihm „nehme [16])“, d. h. durch seinen Widerspruch entziehe.

Zu der betrachteten Processfigur der Principalintervention liefert der Richtsteig Landrechts, von der formellen Seite angesehen, das Gegenstück; er behandelt einen Fall, in welchem die Anspruchsprätendenten formell nicht Kläger sind, sondern Beklagte. Zwei angeblich zu demselben Zins Berechtigte sind beklagt wegen zweifacher Pfändung um denselben Zins [17]); nur eine Pfändung kann

---

40. 41). Schwabensp. (Gengler) 177, 1 (aus const. pacis Friderici I. a. 1156 § 6, 7. Mon. Germ. Leg. II. 103, s. Gengler S. 149 N. 28). 178, 1. S. auch Verm. Ssp. I. 33, 1, 2, 4, 5 (die Parallelstellen bei Ortloff S. 378 f.). Stadtrecht Ruprecht's von Freysing 36 u. s. w.

11) Vgl. Laband, vermögensrechtliche Klagen § 43. Planck, Gerichtsverfahren I. S. 596 ff. 726 ff.

12) S. namentlich Laband, vermögensrechtliche Klagen § 1.

13) Laband, a. a. O. S. 5 u. 6.

14) Planck, Gerichtsverfahren I. § 68. 79.

15) Schwabensp. (Gengler) 177, 1. vgl. Rstg. Ldr. 27, 1 mit Ssp. III. 21, 1.

16) Ssp. II. 42, 1. Rstg. Lnr. 29 § 1 in Verbindung mit §. 3 und 5.

17) Rstg. Ldr. 21. vgl. Rstg. Lnr. 29, 8. Planck, Gerichts-

gerechtfertigt sein; und gegeneinander haben nunmehr die Beklagten ihre angebliche Zinsberechtigung zu bewähren; der Kläger tritt im Process zurück. Materiell betrachtet sind die Beklagten eben Kläger, und ihre Stellung zu einander ist ganz dieselbe wie die Stellung zweier angeblich Berechtigten, welche klagend gegen denselben Beklagten aufgetreten sind. Leiten sie nun von demselben Lehnsherrn ihre Berechtigung her, so ist in abgesondertem Process vor dem Lehnsgericht zu entscheiden, wer von ihnen der Berechtigte ist; dieser Process ist zwar Feststellungsprocess, aber doch nur Incidentprocess [18]).

Wesentliches Kriterium der Klage ist das Objekt, zu welchem der Richter dem Kläger verhelfen soll; und es ist ihr so sehr wesentlich, dass sie Klage bleibt, auch wenn ihr die Beziehung auf einen bestimmten Gegner völlig abgeht: statthaft ist nach deutschem Rechte auch eine Klage „zu dem Gute und zu allen denen, die das Gut vertreten oder verantworten wollen“ [19]).

Was mit dieser Klage der Kläger begehrt, das ist wiederum die richterliche Einweisung in das Gut auf Grund gerichtlichen Urtheils, die Erlangung des Besitzes unter denjenigen Garantieen, welche die urtheilsmässige Einweisung gegenüber Anwesenden und Abwesenden verleiht [20]). Als Gegner eines solchen Klägers kann nun aber nicht etwa bloss der Besitzer des Gutes auftreten. Auch ein Nichtbesitzer kann der Klage sein Recht auf das Gut entgegensetzen, kann seinerseits Anspruch auf den Besitz des Gutes erheben, und so auch hier ein duplex iudicium hervorrufen. Der Anspruch auf den Besitz kann sich auf beiden Seiten oder auf der einen gründen auf Erbrecht, Vergabung

---

verfahren I. S. 624 bringt diesen Fall unter das „Erbieten zur Vertheidigung“.

18) Der Fall, dass die Beklagten sich auf verschiedene Herrn berufen, welche sie dann vor das Processgericht zu bringen haben — vgl. auch Ssp. II. 42, 1 — interessirt hier weiter nicht.

19) Vgl. Stendaler Urtheilsbuch II. 8 und dazu Behrend unter Note i S. 8 u. 9 und die von ihm gegebenen Nachweisungen.

20) S. darüber Planck, Gerichtsverfahren I. S. 627 ff. vgl. Ssp. II. 6, 4.

von Todeswegen, auf sonst irgend ein Recht zum Besitz [21]). Auch hier also streben die Parteien, nicht den Besitz von einander zu erlangen, wohl aber zum Besitze dadurch zu gelangen, dass sie von einander die Anerkennung ihres Rechtes zu erzwingen suchen.

§ 3. Erbieten zur Vertheidigung.

Die Initiative zum Rechtsstreite kann auch von derjenigen Partei ausgehen, welcher in dem Rechtsstreite selbst die Beklagtenrolle zukömmt; ein Process kann auch damit eingeleitet werden, dass der Besitzer eines Gutes sich zur Vertheidigung desselben in der Versammlung der Gemeindegenossen erbietet. Auch dieses Erbieten erfolgt nicht nothwendig einem bestimmten Gegner gegenüber: der Klage gegen Jeden, der das Gut verantworten wolle, entspricht das Erbieten, das Gut zu verantworten gegen Jeden, der darauf klagen wolle. Jene Klage führt, wenn Niemand antwortet, zur Einweisung des Klägers und zu folgeweiser Präklusion, also zu einem Verfahren, welches dem Verfahren bei Ungehorsam des Beklagten nachgestaltet ist; das Erbieten zur Vertheidigung knüpft an das Verfahren bei Ungehorsam des Klägers.

Nach dem Sachsenspiegel und verwandten Rechtsquellen [1]) kann der mit einer peinlichen Klage Belangte, nachdem er sich beim Ausbleiben des Klägers in drei Dingen zur Uebernahme des Rechtsstreites bereit erklärt hat, im dritten Ding seine definitive Lossprechung durch Urtheil erwirken; und wird der Verfestete, nachdem er sich in drei Dingen zu Recht erboten und auf sein Erbieten kein Kläger gegen ihn aufgetreten ist, aller Klage „ledig

---

21) Wasserschleben IV. 61. 69. 173. Stendaler Urtheilsbuch XVII. 2, dazu Behrend, Note 2b Abs. 2 S. 78 und Note 3bβ S. 79. Tomaschek, Oberhof I. 227. Neumann, Magdeburger Weisthümer II. S. 3.

1) Ssp. II. 8. Rstg. Ldr. 35, 5. Weichbild 84, 2; vgl. Stobbe, Beiträge 34. Neumann, Magdeburger Weisthümer 31. Behrend, Stendaler Urtheilsbuch S. 23, Note e.

getheilt"[2]). Dieses Princip wendet der Richtsteig Landrechts an auf Klagen um Immobilien; bleibt der Kläger aus, so wird der Beklagte der Ansprache ledig geurtheilt, nachdem er sich in drei Dingen zu Recht erboten hat[3]. Hierbei aber bleibt der Richtsteig nicht stehen; er knüpft die Gewährung dieses Mittels der Sicherung nicht unbedingt an die Erhebung einer Klage Seitens des Gegners[4]): ein wegen gewaltsamer Besitzentsetzung Beklagter hat sich durch seinen Eid gereinigt, und nun, nach Erledigung des Besitzstreites, provocirt der Kläger ein gerichtliches Urtheil über sein Recht am Gute; jetzt als Besitzer des Gutes gedacht, erbietet er sich dreimal, dem Beklagten und einem jeden Mann um das Gut zu Recht zu stehen[5]). Dass sich dies Verfahren an die Erledigung eines Besitzstreites anknüpft, erscheint als etwas rein Zufälliges; dasselbe kann ebenso auch selbständig auftreten; processualisch ist dies ganz ebenso zulässig. Nur bringt das Erbieten für sich allein keinen Vortheil hinsichtlich des Beweisrechtes; denn es kann natürlich den Nichtbesitzer nicht zum Besitzer machen[6]).

§ 4. Freiwillige Gerichtsbarkeit und Feststellung.

Sicherung des zu erlangenden, Sicherung des erlangten Besitzes vor künftiger Ansprache war der Zweck der in

---

2) Ssp. II. 4, 1. Weichb. 65, 1. Glosse Weichb. (v. Dan.) 418. 419. Behrend, Stendaler Urtheilsbuch IX, Note d, S. 49 und dort Citt.

3) Rstg. Ldr. 20 A.; vgl. Weichb. (Walther) 109 (S. 45). Schwabensp. (Gengler) 178, 3.

4) Rstg. Ldr. 26, 2 und 3.

5) Rstg. Ldr. 26, 2: „her richter, na dem dat he sin recht dar tu gedan heft, dat he des mines nicht genomen heft, so sta ic nu und bide mich eme vort vor iu tu rechte unde iewelken manne umme dat vorbenomede gut, und bede dar vor tu antwerdene. Also do tom anderen unde tom dritten male. So vrag, sint dat du di dries voreboden hefst, oftu enge not mer dar umme liden dorvest."

6) Rstg. Ldr. 26, 3. Michelsen, Oberhof zu Lübeck S. 98 Anmerk.; Guden Codex diplom. II. 175, III. 727; vgl. Homeyer, Richtsteig S. 509; insbes. Planck, Gerichtsverfahren I. S. 624; auch Wetzell, System § 13, N. 9.

den beiden vorigen Paragraphen betrachteten Rechtsmittel; damit stehen wir wiederum an der Grenze der freiwilligen Gerichtsbarkeit; und manichfache Uebergangspunkte bieten sich hier dar.

Ein Akt der freiwilligen Gerichtsbarkeit ist die Erbeslegitimation, vermittels deren der Erbe die Einweisung in den Nachlass zu erlangen sucht; nur vom Richter, nicht vom Gericht, verlangt er sie, nur ihm erbringt er den Nachweis seiner Erbeseigenschaft [1]).

Aber ein contradiktorisches Verfahren entwickelt sich daraus allemal dann, wenn ein Zweiter auftritt mit dem gleichen Begehren. Dann entsteht ein ächter Civilprocess, der zu seinem Gegenstand die Feststellung der Erbberechtigung hat; nur ist dieser Process nicht eingeleitet durch eine Klage; denn er entsteht dadurch, dass die Parteien vom Richter dasselbe begehren [2]).

Das Erbieten zur Vertheidigung, die Provokation, findet ihre Hauptanwendung bei einem Akt der freiwilligen

---

1) Laband, vermögensrechtliche Klagen § 40.

2) Vgl. Lörsch und Schröder, Urkunden Nr. 125 (Kölner Urkunde); Stendaler Urtheilsbuch IX. 1, dazu Behrend, S. 45, Note a, sowie — hinsichtlich des Unterschiedes von der Klage gegen den Erbschaftsbesitzer — S. 103, Note a sub 1; dann Stobbe, Beiträge S. 119 (Magdeburger Schöffenurtheil Nr. 49); Magdeburger Fragen (Behrend) I. 3, 19. Michelsen, Oberhof 75. Wasserschleben, IV. 117; (späterer Widerspruch: Magdeb. Fr. I. 6, 1; andere Nachweisungen s. noch bei Behrend, Magdeb. Fr. zu I. 3, 19 auch zu I. 7, 4); ferner für das süddeutsche Recht: Tomaschek, Oberhof I. 232 (Iglauer Schöffenspruch vor 1368, s. Einl. S. 34); vgl. I. 310: Ziehen zu Erbe und Vormundschaft und damit Magdeb. Fr. I. 8, 11.

Indem von verschiedenen Seiten Einweisung in dasselbe Gut begehrt wird, entsteht auch die Principalintervention in der Exekutionsinstanz; dafür ist ein interessantes Beispiel der Iglauer Schöffenspruch bei Tomaschek, Oberhof I. 231 (vgl. 232) S. 128: „— dy do hatten in des perges puch paten, das man sy des geltes gewaldik machet, wen es yn vorschriben wer in dem puch. Des trat disser dar und sprach — lat mir ein recht urteyl werden, sint den malen und ich nach pot der scheppen meyn gelt geleget han czu der scheppen hant, ob man mich des nicht gewaldik scholle maken —."

Gerichtsbarkeit: bei der gerichtlichen Auflassung, wiewohl schon diese selbst kraft Rechtssatzes gleich einer Provokation wirkt[3]). Soweit sich nun die Auflassung in den Formen eines Rechtsstreites bewegt[4]), liesse sich der von einem Anwesenden gegen die Auflassung erhobene Einspruch charakterisiren als Principalintervention im Scheinrechtsstreite; jedoch wird sich, da der Streit eben ein Scheinstreit ist, der Widerspruch des Dritten naturgemäss nur gegen den Veräusserer richten. Gegenstand des aus dem Einspruch sich entwickelnden Processes ist die Dispositionsbefugniss des Veräusserers, ganz so wie die Klage, welche von dem abwesenden Einspruchsberechtigten binnen Jahr und Tag gegen den Besitzer des Gutes erhoben wird, sich auf den Mangel der Dispositionsbefugniss des Veräusserers gründet[5]). Der eigentliche Zweck des Widersprechenden ist freilich der, die Veräusserung zu hindern; dieser Zweck aber ist vorläufig schon von selber erreicht durch die Einlegung des Widerspruchs, und definitiv durch das Urtheil, welches die mangelnde Dispositionsbefugniss des Veräusserers constatirt; für sich betrachtet, erscheint also der aus dem Einspruch sich entwickelnde Process als Feststellungsprocess; er dreht sich um die Feststellung des Bestehens oder Nichtbestehens der Veräusserungsbefugniss des Veräusserers[6]).

Auch nach der Veräusserung, binnen Jahr und Tag, kann von dem Widerspruchsberechtigten nicht allein gegen den Besitzer Klage auf Herausgabe des Gutes, es kann auch noch gegen den Veräusserer Klage erhoben werden[7]).

---

3) Vgl. Laband, vermögensrechtliche Klagen § 37, 2a und 3a S. 295 ff., 300 ff. Planck, Gerichtsverfahren I. S. 627 ff. Ueber die Verbreitung des Rechtssatzes s. Laband, a. a. O. S. 269, Note 11—14.

4) Wie nach Sächsischem Recht. Laband, a. a. O. § 31. I. S. 236 ff.

5) Laband, a. a. O. § 35 S. 279 ff.; vgl. hier auch Rössler, Rechtsdenkmäler II. 322. 327. Tomaschek, Oberhof I. 47. 49.

6) Stendaler Urtheilsbuch 21 (vgl. Weichbild (Walther) 89 S. 38).

7) So entscheidet der Oberhof zu Lübeck — Michelsen, Oberhof 154 — auf Klage der Erben des Mannes gegen die Wittwe

Umgekehrt kann auch nach der Veräusserung der Veräusserer, der das Gut gar nicht mehr in Besitz hat, gegen den Anfechter der Veräusserung Klage erheben [8]). In beiden Fällen ist die Klage Anerkennungsklage, Klage auf Anerkennung der Ungültigkeit — der Gültigkeit des Verkaufes, genauer: des Nichtbestehens — des Bestehens der Veräusserungsbefugniss auf Seiten des Veräusserers.

Auf diese Weise erklärt es sich auch, wenn in manchen Urkunden [9]) der Veräusserer die Verpflichtung übernimmt, den Erwerber nicht bloss gegen gerichtliche, sondern auch gegen aussergerichtliche Anfechtung zu vertheidigen; zur Vertheidigung gegen aussergerichtliche Anfechtung diente ihm die Anerkennungsklage.

Wie die öffentliche Auflassung, so dient in späterer Zeit der Eintrag in das öffentliche Gerichtsbuch der Sicherheit des rechtlichen Verkehrs. Und wie gegen das im öffentlichen Gericht vor sich gehende Rechtsgeschäft, ganz so sind auch gegen den Eintrag in das öffentliche Gerichtsbuch die Betheiligten Einspruch zu erheben befugt [10]). Aus dem Widerspruch entwickelt sich auch hier ein contradiktorisches Verfahren, welches sich um Feststellung der

---

desselben, dass, was die Beklagte aus dem Nachlass ihres Mannes veräussert habe, ungültig veräussert sei (vgl. 145, 2).

8) So urtheilt der Oberhof zu Lübeck — Michelsen, Oberhof 38 —, nachdem H. — der Kläger — das Haus aus eigenen Mitteln gekauft und wieder verkauft und den Kaufpreis dafür erhalten habe, so solle die Beispracho des S. „keine Macht haben“; wie sich aus der Rubrik und dem Inhalt des Urtheiles selbst ergibt, ist S. der Beklagte, zugleich Schelter des erstinstanzlichen Urtheils, welches der Oberhof bestätigt. Ebenso klagt bei Neumann, Magdeb. Weisth. Nr. 19 (a. 1457) der Veräusserer, er habe ein Gut verkauft „durch syner notdurfft willen. Doran jrret yn nu, und stecket im den kowff Jeronimus sein elicher Son“. Dieser bringt denn vor, er habe sich wollen erkennen lassen „mit dem kouffer, ab her nicht billichin und nehir by dem kouffe bleiben sulde“.

9) Mehrere solcher Urkunden citirt Löning, Vertragsbruch S. 451, Note 15; Löning bezieht, wie es scheint, das Versprechen nur auf Abwehr physischer Gewalt.

10) Wohl auch insoweit verpflichtet, als sie es dem Rechtsgeschäfte gegenüber sind.

Gültigkeit oder Ungültigkeit des Rechtsgeschäftes dreht, auf Grund dessen der Eintrag begehrt wird [11]). Der Anspruch auf den Eintrag erzeugt so den Anspruch auf Anerkennung der Gültigkeit des Geschäftes.

Das Erbieten zur Vertheidigung gegen Jedermann, die Provokation zur Klage, gestaltet sich zu einem Sicherungsmittel von allgemeiner Anwendbarkeit [12]), welches schliesslich auch zur Sicherung des ganzen Vermögens vor künftigen Ansprachen benutzt wird. So wird namentlich in Innerösterreich das Berufen von Brief und Siegel zu einem präklusivischen gegen die sämmtlichen Gläubiger einer bestimmten Person gerichteten Provokationsverfahren [13]). Norddeutsche Stadtrechte [14]) gestatten dem kranken Schuldner, seine Gläubiger zur Rechnung aufzufordern mit der Wirkung, dass, wenn sie der Aufforderung ohne genügende Entschuldigung nicht nachkommen, sie ihre Forderung verlieren [15]).

---

11) Als Beispiele mögen dienen zwei Iglauer Schöffensprüche; Tomaschek, Oberhof I. 328 (Mitte des 14. Jahrhunderts, s. Einleitung S. 34) und II. 75 (von 1515).

12) Bischoff, Steiermärkisches Landrecht S. 188 ff.

13) Luschin, Zeitschrift für Rechtsgeschichte XII. S. 46 ff. Bischoff, Steiermärkisches Landrecht S. 172 f. S. 183—190.

14) Sie werden in diesem Zusammenhang schon citirt von Lauhn, nutzbarer Gebrauch des remedii provocatorii § 2, Note e.

15) Zuerst findet sich diese Bestimmung im Lübischen Recht von 1254, Art. 344 (Hach, Cod. III. S. 512): „Leghe en man seck unde is he schuldich unde sent he boden deme he schuldich is unde wil mit em reckenen unde wil de andere nicht to em komen unde sterft he, syne erven en scholen van der schult nene not lyden. dat en were also dat de man seek were offte nicht gan en mochte ofte nicht to hus en were unde mocht he des tugen he blyft des ane schaden"; sie ist von hier aus in das Lübische revidirte Statut III. 1, 6 in das Hamburgische Recht (von 1270 VII. 19 bei Lappenberg, Rechtsalterthümer S. 46), das Stadtrecht von Stade (von 1279) VII. 16 (Pufendorf, observationes I. append. S. 214) und das von Verden (das. S. 43) übergegangen. Erwähnt mag hier auch werden die Bestimmung des Iglauer Stadtrechts (Tomaschek, Oberhof S. 367 dist. III): „Rechent ein man mit dem andern und nympt aus vor erbern lewten, abe er hinnoch icht gedenke, das wolle er auch rechen, doczu hat er tag und frist iar und tag und dornoch wenn die zeit vergeet, so ist alle rechnung tot."

§ 5. Lehnrechtliche Anerkennungsklagen.

Eine ganz eigenthümliche in sich abgeschlossene Art von Anerkennungsklagen hat das Sächsische Lehnrecht hervorgebracht [1]. Anerkennung und nichts als solche begehrt von seinem Lehnsherrn der Mann in den Fällen, in welchen die Gewere des Lehns ohne Einweisung auf ihn übergeht. Auf das mit dem Vater zusammen beliehene Kind [2] und auf den mit einem Gedinge [3] oder einer Anwartung [4] beliehenen Mann geht, sowie der Fall eintritt, für welchen sie beliehen sind, unmittelbar die Lehnsgewere über, sie können von sich aus des Lehngutes sich unterwinden; aber unverzüglich haben sie dann auch den Lehnsherrn um seine Anerkennung anzugehen; und versagt sie ihnen dieser, so müssen sie im Wege des Processes, „mit Urtheilen [5]", sie sich erzwingen; sie müssen dem Herrn ihr Recht nach weisen in contradiktorischem Verfahren [6], in welchem er, der Lehnsrichter, zugleich Partei ist, in seiner Eigenschaft als Herr, der er ja in erster Linie ist [7]. Sie müssen es; ihr Anerkennungsbegehren ist ein nothwendiges. Denn auch in diesen Fällen geht die Gewere auf den Mann doch nur über, unterwindet er sich des Gutes doch nur mit Recht, „deste he's den herren innere", „sin recht daran berede"; nur sofern er dem Lehnsherrn den Nachweis seines Rechtes erbringt, ist sein Besitzerwerb kein unrechter, kein gewaltsamer, das heisst, hat er die Gewere [8]. Bei diesem Nachweise selbst kann er folglich des Beweisvorzuges nicht geniessen, welchen die Gewere verleiht [9].

---

1) Sächs. Lnr. 18 v. büt to behaldene, Homeyer, Lehnrecht § 65 A 2 S. 564.

2) Sächs. Lnr. 35. Homeyer, a. a. O. S. 445.

3) Sächs. Lnr. 6, 2 (52 a. E.). 57, 1, 3. Rstg. Lnr. 30, 1. Homeyer, S. 335.

4) Sächs. Lnr. 57, 3. Homeyer, S. 339. 340.

5) Rstg. Lnr. 30, 1.

6) Sächs. Lnr. 18.

7) Planck, Gerichtsverfahren I. S. 147.

8) Laband, vermögensrechtl. Klagen S. 185 u. 186. Heusler, Gewere S. 269—273.

9) Es besteht daher auch nicht, wie Heusler, Gewere S. 179

In ähnlicher Weise bestimmt das sächsische Weichbildrecht, mit Bezug auf Erbzinsgüter, dass der Beliehene, wenn ihm der Herr die Anerkennung versage, sein Recht gegen ihn „behalten möge selbsieben seiner Erbgenossen“ [10]).

Ein Anerkennungsstreit zwischen zwei Lehnsmannen kann sich nun dadurch entwickeln, dass jeder von ihnen Anerkennung seiner Berechtigung an einem und demselben Lehnsgute vom Lehnsherrn begehrt[11]).

§ 6. Inquisitio und Feststellung.

In diesem und in dem folgenden Paragraphen wenden wir uns Feststellungsmitteln zu, welche, wiewohl noch ganz dem germanischen Rechtskreise angehörig, als solche vorzugsweise auf italischem Boden ihre Ausbildung und vorzugsweise Anwendung gefunden haben.

Dem starren formalistischen Volksrechte tritt, wie neuere Forschungen[1]) dargethan haben, in der fränkischen Zeit das freier gestaltete Amtsrecht ausgleichend zur Seite. Im Gegensatz zu den streng einseitigen formalen Beweismitteln des volksgerichtlichen Verfahrens entwickelt sich insbesondere[2]) aus der Inquisitionsgewalt des fränkischen Königs das der Ermittelung materieller Wahrheit dienende, zweiseitige Inquisitionsverfahren. Kein anderes Beweismittel neben sich duldend, verhält es sich ganz gleichgültig gegen die Vertheilung der Parteirollen[3]); in seinem Erfolg kann es jeder der Parteien zu Gute kommen: „welche

u. 180 annimmt, ein Widerspruch zwischen Sächs. Lnr. 35 und 57 einerseits und 5, 2 und 7, 2 andererseits.

10) Sächs. Weichbild (Walther) 88 (S. 38): hat ein man erbzinsgut u. s. w.

11) Rstg. Lnr. 30. Vgl. auch v. Daniels, Land- und Lehnrechtbuch II S. 127 ff.

1) Boretius' und namentlich Sohm's.

2) Wie mit voller Klarheit bekanntlich zuerst Brunner nachgewiesen hat. (Abh. d. Wiener Akad. von 1866.)

3) Dies äussert sich auch darin, dass die Inquisitionsurkunden häufig das Parteiverhältniss durchaus nicht erkennen lassen; man vgl. z. B. Dronke, Cod. diplom. Fuld. 610; das Urtheil constatirt hier nur das Ergebniss des Inquisitionsverfahrens.

von den Streitenden mehr Recht habe", ist eine bei der Anordnung der Inquisitio häufig gebrauchte Formel.

Auf die Feststellung thatsächlicher Zustände oder unmittelbar rechtlicher Verhältnisse gerichtet, schiebt sich die Inquisitio als ein compaktes, in sich abgeschlossenes Verfahren in den Process hinein; was lag näher als ein solches Verfahren auch selbständig zu Feststellungen zu benutzen? Wenn doch neben der Inquisitio der Gebrauch eines anderen Beweismittels unmöglich war, wenn doch die Inquisitio in ihrem Erfolg ebenso wohl der einen wie der anderen Partei zu Gute kommen konnte, was verschlug es, welche Partei sie beantragte, und wann, ob gelegentlich einer Anspruchsverfolgung oder ohne diese Veranlassung?

Und in der That ist Verwendung[4]) der Inquisitio zur Sicherung des Besitzes schon aus früher Zeit (a. d. J. 881) bezeugt[5]). In öffentlicher Gerichtsversammlung tritt eine Partei auf und trägt vor, der und der Gegner mache ihr gewisse Grundstücke streitig, die sie besitze; sie habe gehört, er wolle Klage darauf erheben; sie habe sich deshalb ein Inquisitionsprivileg erwirkt, und auf Grund desselben beantrage sie nun das Inquisitionsverfahren. Das Inquisitionsverfahren wird eingeleitet, und es ergeht Urtheil, ohne dass vom Gegner förmliche Klage erhoben worden wäre. Ganz das gleiche Verfahren stellt, angewandt auf Statusrechte, eine andere Urkunde[6]) dar. Ja, selbst ohne bestimmten Gegner bedient man sich der Inquisitio zur öffentlichen Feststellung und damit zugleich zur gerichtlichen Beurkundung von Grundeigenthumsverhältnissen[7]). Hier verbindet sich mit ihr der gleichfalls zur Sicherung des Besitzes dienende Königsbann.

Unter diesem Gesichtspunkte gewinnen die Inquisitionsprivilegien eine neue Bedeutung, welche, im Falle des

---

4) Die spätere italienische Rechtsentwickelung wird die Bestätigung liefern.

5) Muratori, Antiquitates Italiae II. 931.

6) Muratori, Ant. It. I. 773.

7) Ficker, Forschungen IV. 55 (a. 1037); die namentlich aufgeführten Inhaber der Grundstücke sind offenbar nur Detentoren Namens des Klosters.

Urkundenverlustes, Klöstern und Kirchen so häufig[8]) verliehen werden.

§ 7. Provokationsverfahren in Italien.

In vereinzelten fränkischen Urkunden[1]) findet sich das folgende Verfahren dargestellt. Eine Urkunde, und zwar jedes Mal eine solche über die Veräusserung eines Grundstückes, wird im Königsgericht producirt, und von einem bestimmten Gegner Anerkennung derselben begehrt; auf den Antwortbefehl des Richters wird jedes Mal die Gültigkeit der Urkunde vom Gegner zugestanden und darnach förmlich durch Urtheil festgestellt. Der Anerkennungsantrag des Producenten tritt nicht in Gestalt einer Klage auf, er enthält keinen an den Gegner gerichteten Vorwurf. Das Verfahren ist, wie Brunner[2]) höchst wahrscheinlich macht, ein blosser Scheinprocess, eingeleitet nur zu dem Zwecke, dem Producenten eine Königsurkunde und damit verstärkte Garantie gegen Anfechtung zu verschaffen.

Was nun einem durchaus gleich gestalteten Verfahren in Italien zu einer ganz ungemein häufigen Anwendung verhalf, scheint eine Rechtsanschauung gewesen zu sein, welche dem italienischen Rechtskreise originell ist.

König Liutprand hatte bestimmt[3]), dass binnen fünf Jahren fällige Forderungen beigetrieben, oder die Schuldurkunden erneuert werden sollten; anderenfalls sollten die Forderungen untergehen, die Schuldurkunden kraftlos werden. Zur Erneuerung der Schuldurkunde führt die Klage auf Erfüllung dann, wenn der Schuldner zu erfüllen nicht im Stande ist; es kann aber auch der Gläubiger seine Klage unmittelbar auf Erneuerung der Urkunde richten[4]). Die Ent-

---

8) S. Brunner, a. a. O. S. 425 ff., bes. S. 437. 440.

1) Vgl. Brunner, Gerichtszeugniss in den Festgaben für Heffter S. 157—163.

2) A. a. O. S. 157 ff.

3) Ed. Liutpr. 16 (a. 720).

4) Si distolerent intra quinque annos devitores suos pulsare, ut aut cautiones renovintur aut devita reddant — non habeant posmodum fagundia ipsa devita requirendum.

kräftung der Schuldurkunde erscheint hier durchaus abhängig von der Verjährung der Forderung, die Erneuerung der Urkunde nur als ein Mittel, die Verjährung der Forderung zu unterbrechen.

Die Praxis isolirte aber nun das Schicksal der Urkunde von dem des beurkundeten Rechtes; sie gelangte zu der Vorstellung einer selbständigen Urkundenverjährung, des Unterganges der Beweiskraft der Urkunde durch Zeitablauf. Diese Vorstellung knüpfte sich äusserlich an eine andere Stelle des Ediktes König Liutprand's an. Nach einem Gesetze[5]) Liutprand's vom Jahr 754 soll dreissig Jahre lang unangefochtener Besitz unanfechtbar werden, auch nicht mehr auf Grund einer Urkunde angefochten werden können, auch nicht „si quis cartolam donationis per gairethinx facta aut per susceptum launigild vel forte conparatione ostenderit.“ Daraus zog die Praxis den Schluss: eine dreissig Jahre alte Urkunde sei kraftlos[6]). Allein das Gesetz sprach ausdrücklich doch nur von Urkunden über Schenkung und Kauf, nur auf solche konnte es bezogen werden. Dem Nachtheile des Verschweigens solcher Urkunden entging man also ein für allemal dadurch, dass man sie durch gerichtliche Anerkennungsurkunden oder gar durch gerichtliche Urtheile ersetzte. Diese Anschauung, so fremdartig sie uns erscheinen mag, ist in der That in praktischer Geltung gewesen; und die spätere italienische Rechtsentwickelung liefert hierfür die ausreichendste Bestätigung; ganz dieselbe Anschauung gelangt im späteren italienischen Statutarrecht zum gesetzlichen Ausdruck, und es sind vor Allem die Statuten von Venedig aus dem Jahr 1242, welche, wie ja sonst vielfach[7]), so auch hier, zäh an altlongobar-

5) Ed. Liutpr. 53.

6) Expositio ad Ed. Liutpr. cit. § 5: Eo quod hec lex dicit: „non habeat adversus eum, qui per 30 annos possedit facundiam loquendi cum munimine suo“ dicebant antiqui hanc legem voluisse, cartam 30 annos habentem nihil valere. Ueber die antiqui s. v. Bethmann-Hollweg, Civilprocess des gem. Rechts in gesch. Entw. V § 102, N. 27, S. 297 und dort Citt.

7) Vgl. Wach, der italienische Arrestprocess I. S. 179, N. 32.

dischem Rechte festgehalten haben. Sie treffen nämlich die Bestimmung, und bezeichnen dieselbe ganz ausdrücklich als alte Gewohnheit[8]), dass alle Urkunden „per quas aliquid peti possit" innerhalb dreissig Jahren nach ihrer Ausstellung vor dem ministerialis curiae producirt, und der Aussteller oder seine Erben dazu geladen werden sollen; geschehe dies nicht, so sollen sie mit Ablauf der dreissig Jahre ihre Beweiskraft verlieren[9]).

Nun findet es sich[10]), dass eine Veräusserungsurkunde eben nur wörtlich in eine Gerichtsurkunde aufgenommen wird, auch wohl nachdem sie ausdrücklich von den im Gericht Anwesenden oder dem Aussteller als echt anerkannt worden ist. In den meisten Fällen wird es eben, um eine beweiskräftige neue Urkunde herzustellen, der Anerkennung des Ausstellers oder seiner Erben bedurft haben; und da es einmal Gebrauch war, auf ein gerichtliches Geständniss ein declaratorisches Urtheil folgen zu lassen[11]), was Wunder, dass es auch hier zu geschehen pflegte? Auf diese Weise erklärt sich denn die in Gerichtsurkunden dieser Art seit dem zehnten Jahrhundert[12]) constant auftretende Motivirung, man producire die Urkunde deshalb, damit sie, die Urkunde, sich nicht verschweige: „ideo istam cartulam in isto ostensi iudicio ut ne silens appareat et nec quispiam homo dicere possit quod ego eam occulte aut conludiose habuissem[13])"; so erklärt es sich

---

8) Stat. Venet. II. 4. III. 46–48. VI. 41. 42.

9) Stat. Venet. VI. 41. 42 dehnt diese Bestimmung erst neuerdings auch auf Urtheile aus. Verglichen mag auch hier werden das privilegium der cives Colonie bei Tomaschek, Oberhof I. 238, wonach alle für einen civis Colonie verbindlichen Urkunden binnen Jahr und Tag nach der Ausstellung publicirt werden müssen, widrigenfalls sie kraftlos werden.

10) Ficker, Forschungen I. § 12 n. 1 u. 2 und Zusatz dazu III. 2.

11) Ficker, Forschungen I. § 7.

12) Ficker, a. a. O. S. 40.

13) Einmal (Ficker, Forschungen IV. 29) wird mit als Zweck der Produktion angegeben: damit man nicht sagen könne, die Ausstellung der Urkunde sei erzwungen worden; hier soll also die Gefahr

auch, wenn, um eben ihre Beweiskraft zu erhalten, Urkunden noch kurz vor Ablauf der dreissig Jahre producirt werden [14]), zu einer Zeit also, „wo", wie Ficker bemerkt, „schon bald ohnehin der Schutz durch Verjährung hinzukam".

Mit der dargestellten Anschauung war von selbst eine Verpflichtung des Ausstellers zur Anerkennung der Urkunde gegeben; denn der Aussteller einer Urkunde macht sich zur Gewährung eines dauernden Beweismittels anheischig, und ist folglich verpflichtet, zur Erneuerung der Urkunde mitzuwirken, soweit dies zur Erhaltung des Beweises nothwendig ist. Diese Verpflichtung zur Anerkennung wird denn auch zuweilen ausdrücklich vom Aussteller der Urkunde übernommen [15]).

Die weitere Entwickelung drängt dahin, die Anerkennung unmittelbar auf bestehende Rechtsverhältnisse abzustellen, ohne Rücksicht auf vorangegangene Beurkundung; und zwar stellen alle die bekannten Urkunden Anerkennung von Grundeigenthumsverhältnissen oder Statusrechten dar [16]). Den meisten dieser Urkunden mag allerdings ein blosser Scheinprocess zu Grunde liegen; allein dem Scheine muss doch auch eine Wirklichkeit entsprochen haben; gebrauchte man die Waffe als friedliches Werkzeug, man konnte sich doch ihrer gewiss auch als Waffe bedienen. Und es gibt in der That Urkunden, in welchen es sich offenbar um die Anerkennung eines wirklich bestrittenen Rechtsverhältnisses handelt [17]), und es sind dies nicht bloss diejenigen, in welchen die Anerkennung erst auf Grund eines Inquisitionsverfahrens erfolgt [18]).

---

des Zweikampfs vermieden werden, welcher im Fall behaupteten Zwanges nach Otto I. 5 verlangt werden kann.

14) Ficker, Forschungen I. S. 42, N. 13.

15) Vgl. z. B. Murat. Ant. It. I. 95. Ficker, Forschungen III. 2. Nachtrag zu § 16, N. 1, S. 376.

16) Ficker, Forschungen I. § 13, N. 10 und Zusatz dazu in III. 2.

17) Ficker, I. § 12, N. 6. 7.

18) Vgl. auch Ficker, I. § 12, N. 8 und Zusatz dazu in III. 2. Die spätere Rechtsentwickelung wird auch hier die Bestätigung liefern. S. unten S. 34.

Mit dem an einen bestimmten Gegner gerichteten Anerkennungsbegehren verbindet sich seit dem 10. Jahrhundert das Erbieten zur Vertheidigung gegen Jedermann.

Das Anerkennungsbegehren kann sich endlich auch an die Erledigung eines Besitzstreites anknüpfen, so dass ein Verfahren entsteht, ganz analog demjenigen, welchem wir bereits im Richtsteig Landrechts [19]) begegnet sind. Nachdem der Beklagte sich gegen den Vorwurf gewaltsamer Besitzesentziehung vertheidigt hat, fordert ihn der Kläger zur Anerkennung seines Eigenthumes auf; die Anerkennung erfolgt und wird durch förmliches Urtheil declarirt.

Die Form des auf die Anerkennung ergehenden Urtheiles ist diejenige, in welcher die Abweisung einer Klage erfolgt: Verurtheilung zu ewigem Schweigen. Von Bedeutung insbesondere für die spätere Entwickelung ist es, dass sich mit dem Erbieten zur Vertheidigung, mit der Provokation, die Bitte um Ertheilung des Königsbannes, um Verleihung des königlichen Schutzes, mit der Verurtheilung auf Grund des Provokationsverfahrens das Strafverbot gewaltthätiger Besitzesstörung „sine legali iudicio“ [20]) zu

---

19) Rstg. Ldr. 26, 2; oben S. 19; vgl. damit Placitum von 902 bei Muratori, Ant. Ital. V. 309, auch citirt bei Heusler, Gewere S. 97—99; ferner noch Placitum von 1055 bei Muratori, Ant. Ital. III. 645. Dem gleichen Bedürfniss entspringt die Bestimmung des französischen Rechts (Coutumes du Beauvoisis 32, 6, Beaumanoir, I. S. 468), dass binnen Jahr und Tag nach Erledigung des Besitzprocesses der unterliegende Theil bei Meidung der Präklusion die Eigenthumsklage zu erheben habe.

20) Mittelbar wurde natürlich dadurch der Besitzer auch gegen gerichtliche Anfechtung geschützt, sofern bestimmte Zeit hindurch ununterbrochener Besitz auch der Eigenthumsklage gegenüber Schutz verleiht; vgl. Ed. Roth. 228. Grim. 4. Ast. 9. Expos. zu Roth. 228; auch wurde so dem Besitzer ein Beweismittel wenigstens für den Anfangspunkt seines Besitzes verschafft.

Zu ergänzen ist vielleicht auch das „sine legali iudicio“ in der Urkunde von 1072 bei Ficker, Forschungen IV. 71; hier wird die Freiheit und augenscheinlich nur folgeweise auch das Vermögen genannter Personen, ohne bestimmten Gegner, durch Ertheilung des Königsbannes geschützt. Es wäre aber auch wohl folgende Deutung denkbar. Das Bannverfahren ist entschieden als Ungehorsamsververbinden pflegte, nachdem es — seit dem neunten Jahrhundert — Sitte geworden war, die im Ungehorsamsverfahren ergehende Investitur des Klägers durch den Königsbann zu schützen.

Nur eine Urkunde ist bekannt, in welcher auf die Provokation wirklich Einsprache erfolgt [21]). Als nächste Folge der Einsprache zeigt sich hier die, dass hinsichtlich der bestrittenen Grundstücke der Bann und die mit dem Banne hier verbundene förmliche Investitur [22]) nicht ertheilt wird. Wenn die Klage unmittelbar im Gerichte erfolgt, so kann sich gewiss auch unmittelbar auf ihr der Rechtsstreit aufbauen. Dabei dürfte Folgendes zu erwägen sein. Die Provokation ist nicht Klage, sondern Erbieten zur Vertheidigung auf Klage; der Provokant nimmt im kommenden Rechtsstreite, als der Besitzer, die Beklagtenrolle ein; als dem Beklagten aber kömmt regelmässig ihm der Beweis zu [23]); er hat regelmässig (nicht wie nach römischem und unserem Beweisrecht eine negative, sondern) eine positive Thätigkeit zu entfalten. Mit anderen Worten: Das Erbieten zur Vertheidigung ist Erbieten zum Beweis, bei longobardischem Beweisrecht, also wesentlich verschieden von einer Provokation bei römischem Beweisrecht, welche sich zu einem eigentlichen Klagzwang gestaltet.

---

fahren gedacht (Ficker, Forschungen I. S. 49); nach Loth. 79 (80 vgl. Expos. ad 79) soll aber in Statussachen auch das Ungehorsamsverfahren zu einer definitiven Entscheidung führen; und so könnte denn auch in jener Urkunde Sicherung vor jeder, auch der gerichtlichen Anfechtung beabsichtigt sein.

21) Ficker, Forschungen IV. 55.

22) Stillschweigend setzt das Verbot des disvestire doch wohl stets ein investire voraus.

23) v. Bethmann-Hollweg, Civilproc. in gesch. Entw. V. S. 131—139. S. 354—359.

II. Das mittelalterliche italienische Recht. — Das kanonische Recht. — Die italienische Doktrin.

Vorbemerkung.

Bekanntlich sind es drei Kanäle, durch welche in Italien die Vereinigung römischer und germanischer Rechtsgedanken vor sich gegangen ist: das italienische Gewohnheitsrecht, wie es in den italienischen Gerichtsurkunden zu Tage tritt und im Stadtrechte feste Gestalt gewinnt; das kanonische Recht und die italienische Jurisprudenz. Diese Rechtskreise aber stehen wiederum unter sich in vielfacher Communikation, und sind andererseits vielfach gleichen Einflüssen ausgesetzt; kaum wird sich daher von einer Erscheinung, welche ihnen allen gemeinschaftlich angehört, mit Bestimmtheit behaupten lassen, ob sie allen ursprünglich oder ob sie aus einem in den anderen übertragen ist; dies möge es entschuldigen, wenn die Fäden der folgenden Darstellung etwas kreuz und quer durcheinander laufen.

§ 8. Klagen auf silentium imponi.

Den Angelpunkt der weiteren Entwickelung der Feststellungsklagen bildet jenes „Auferlegen ewigen Stillschweigens“, um welches sich das alte Provokationsverfahren bewegte, das richterliche „silentium imponere“, wie der spätere Gerichtsstil es wiedergibt. Es war von vornherein zweideutig; es konnte bedeuten das Auferlegen ewigen Schweigens mit der Bestreitung eines fremden oder mit der Behauptung eines eigenen Rechtes; es konnte Beides zugleich bedeuten, wenn es gegen die Behauptung eigenen dinglichen Rechtes sich kehrte, die zugleich Bestreitung des fremden Rechtes ist. So ist von vornherein in dem silentium imponere der Keim zu positiven wie zu negativen Feststellungen gelegen.

Das Begehren der impositio silentii tritt aber nun stets auf im formalen Gewand der Klage. Die nothwendige Form der Einleitung des Processes ist die Klage geworden.

Auf einen Vertrag der Parteien bezogen, bedeutete die impositio silentii im Provokationsverfahren Abwehr einer Bestreitung, positive Anerkennung. In dieser Bedeutung tritt sie uns noch in einer höchst merkwürdigen Klagformel entgegen, welche Durantis in sein speculum iudiciale aufgenommen hat[1]):

„Coram etc. conqueror de P., quia cum inter me et eum olim super quadam vinea orta foret quaestio, tandem quaestio ipsa fuit per transactionem sopita, nunc autem quaestionem eandem nititur refragare: quare peto vos sibi per hoc perpetuum silentium imponi."

Dem Beklagten, wird begehrt, soll ewiges Stillschweigen auferlegt werden mit der Bestreitung eines Vergleiches: die Klage ist auf Anerkennung des Vergleiches gerichtet. Auf diesen Fall aber erscheint die Klage keineswegs beschränkt. Das Formular führt sich ein als den Ausdruck eines allgemeinen Gedankens[2]); es ruht auf dem Satze: nemo potest venire contra factum suum; ein Vertrag und die Bestreitung desselben durch den Beklagten — das allein sind die wesentlichen Voraussetzungen der Klage: sie ist überall da anwendbar, wo Jemand vult venire contra factum suum. Dass sie praktisch gewesen, dafür bürgt die praktische Richtung des Durantis einerseits und seine unbestrittene Autorität für die Praxis andererseits; und es bürgt dafür der augenscheinlich gegebene historische Zusammenhang.

In Anwendung auf dingliche und quasidingliche Rechtsverhältnisse entstammt die Klage auf impositio silentii gleichfalls offenbar alter Rechtsgewohnheit[3]); in dieser Anwendung hat sie schon früh die kanonistische Litteratur anerkannt.

---

1) Spec. iud. IV. 1 de pactis 2, 6.

2) Die Belegstellen zeigen dies: es sind post mortem (25) D de adoptionibus (1, 7) „advertus factum suum — pater movere controversiam prohibetur" und c. diversis (5) X de cler. coniug. (3, 3), zu dessen Schlusssatz „nisi forte tu talibus scienter contuleris ecclesiastica beneficia: quibus eos non per te sed per superiorem decernimus spoliandos" die Glosse non per te] des Bernardus bemerkt hatte: „argu. quod nemo potest venire contra factum suum".

3) S. auch unten § 11.

Auch theoretisch ganz unbedenklich erschien die Klage auf impositio silentii gegen Anfechtung bezüglich kirchlicher Rechte; denn diese betrachtete man als servitutähnliche Rechte und dem Quasibesitzer einer Servitut hatte ja das römische Recht ausdrücklich Klagerecht zugesprochen [3a]).

3a) Hostiensis, apparatus ad c. 25 (abbate) X de verb. signif. (5, 40) (im Wesentlichen nach Innocentius IV.): Cum — quasi negatoria et quasi confessoria ratione dominii vel quasi competat videtur dicendum quod si aliquis sit in possessione alicuius ecclesiae et petat alii imponi silentium super ea vel dicat quod nullum ius habeat in ecclesia non est audiendus nisi dicat se ius habere in ipsa ecclesia; — competunt istae actiones etiam possessori illius iuris quod competit D. si serv. vend. si forte et l. loci. Vgl. auch Jo. Andreae h. l.

Es ist sehr interessant, zu dieser Frage den Hostiensis in seinem Apparatus zu beobachten; in der in der vorigen Note citirten Stelle fährt er fort: licet secus sit in corporalibus quorum vendicatio nunquam datur possessori; ad c. in praesentia (8) X de probationibus (2, 19) bemerkt er: et super ceteris] quae dicti fratres a vobis possidebant et quae vos possidebatis; et sic una pars petebat ab altera quae possidebat et super his quae non possidebat silentium imponi; et quantum ad hanc ultimam partem reus et possidens agit contra non possidentem reali actione, quod est contra id quod legitur et no. s̄. de iud. examinata. Sed hoc accedit occasione primae petitionis cui haec est annexa alias per se non liceret hoc. Beim c. 1 X de conf. ut. vel inut. (2, 30) hat er das völlig vergessen und ist der Erste, der sich damit tröstet, dass jene Bestimmung sich nur auf die rei vindicatio beziehe; nachdem er die Note 5 mitgetheilten Worte des Innocentius IV. wiederholt hat, fährt er hier fort: Ad hoc autem obiicitur quod possessori non est actio prodita. Respondeo hoc verum est de rei vindicatione. Vgl. Jo. Andreae, h. l. Uebrigens erklärt sich das c. in praesentia einfach daraus, dass es sich hier um eine wechselseitige Klage handelt; jeder Theil beantragt als Beklagter das silentium imponi, natürlich nur mit Bezug auf die Erbschaftsachen, die er besitzt. Nichtsdestoweniger ist gerade die Bemerkung des Hostiensis die Veranlassung gewesen, dass unsere Lehre künftig bei dieser Stelle behandelt und aus derselben begründet wird. Vgl. z. B. Anton. de Butrio, n. 20. No. 5°. quod agi potest super eo quod quis possidet quando petitio ordinatur ad finem ut silentium imponatur non ut consequatur ut hic patet. 21. Opponitur quod possidenti non datur actio. — Sol. possidenti non datur actio ad consequendum sed bene ad manutenendum quod possidet ut adversario silentium imponatur.

Unbedenklich gewährte man also diese Klage dem Besitzer eines beneficium, dem Besitzer einer Kirche.

Man gewährte sie aber auch jedem Besitzer, auch dem besitzenden Eigenthümer. Fand man auch in beiden Rechten den Satz ausgesprochen, dass dem Besitzer keine Klage zustehe, man bezog ihn eben einfach nur auf die rei vindicatio.

Es ist wohl zu bemerken, dass diese Klage auf impositio silentii auch als imploratio des officium iudicis auf Grund der l. diffamari C. de ingen. manum. aufgefasst erscheint[4]; wenn man sie auch an die Voraussetzung einer Diffamation keineswegs band[5]. Diese imploratio aber führte auf ganz direktem Processweg zum Ziel; der Gegner wird nicht etwa zur Klage genöthigt. Aber er kann klagen, er kann widerklagend das Recht in Anspruch nehmen, hinsichtlich dessen ihm Schweigen auferlegt werden soll. Thut er dies, so geht die Klage auf silentium imponi als selbständige Klage unter[6], sie geht auf in dem

---

Vgl. auch ad c. 4 (ea quae) X de re. iud. (2, 27) z. B. Felinus Sandeus.

4) Innocentius IV. und Hostiensis, apparatus ad c. dilecto X de praebendis (3, 5). Letzterer: § unde dictum] Et ex hoc apparet, quod non fuit actum uti possidetis, quia non fuisset condemnatus nisi ad interesse et ut a molestatione cessaret D. uti possidetis si duo § fi. Immo fuit actum confessoria vel officium iudicis imploratum secundum tenorem l. C. de ingen. manum. diffamari. Nam secundum hos modos agendi bene habet locum haec sententia. Jo. Andreae begnügt sich hier mit dem blossen officium iudicis.

5) Innocentius IV. ad c. 1 X de conf. ut. vel inut. v. de quaestione] und nach ihm die Späteren: Non videtur quod possessori sit actio prodita nisi forte alius diffamaret et detraheret iuri possessoris I. qui fil. sint legitimi causam. C de ingen. man. diffamari —. Etiam is qui habet ius et qui est in eius possessione potest agere — et l. contrariae sc. diffamari etc. loquuntur quando non agebat directe sed compellere volebat alium agere intra certum tempus et tunc bene est necesse quod procedat diffamatio. Vgl. Hostiensis, Jo. Andreae, h. l.

6) Franciscus de Accoltis (Aretinus) ad c. in praesentia (8) X de prob. (2, 19). Er bringt die Klage mit den jüngeren Erzeugnissen der civilistischen Doktrin in Verbindung: Secundo nota singulare ex isto textu ibi et patebat nos etc. quod non solum in

Antrag auf Abweisung der Widerklage; denn seiner eigentlichen Bedeutung nach ist das silentium imponi nichts anderes als die Abweisung der Klage, aufgefasst von der Seite ihrer positiven Rechtskraft; der Antrag auf silentium imponi ist der Doktrin das Kriterium der Beklagtenrolle [7]).

Diese Klage auf silentium imponi ist keine dem kanonischen Recht ausschliesslich eigenthümliche. Wie die Kanonisten sie als allgemein gültige behandeln, so lassen auch die Legisten sie gelten [8]).

Die Klage auf silentium imponi findet sich, wiederum gegründet auf die l. diffamari C. de ingen. manum., frühe

---

actione personali potest debitor qui timet sibi molestiam inferri petere quod imponatur perpetuum silentium actori iuxta ea quae traduntur in l. Aurelius § centum D. de lib. leg. et l. si contendat D. de fideiuss. et plene per Bar. i. l. si finita sed etiam in actione reali, possessor si timet sibi inferri controversiam agere et petere actori perpetuum silentium imponi. Sed iste textus probat unum aliud quod est notabile. Ex ipso colligitur et maxime i. f. quod si ille cui petitur silentium imponi comparet in iudicio et petit illud per viam reconventionis super quo actor petebat silentium imponi resultat mirabilis iste effectus quod prima petitio resolvitur in viam excommunicationis (soll heissen vim simplicis petitionis, vgl. Phil. Decius, zu dieser Stelle, der ihn referirt) — et proceditur solum super secunda petitione.

7) Vgl. gl. imponentes] ad c. cum olim (7) X de caus. poss. (2, 12). Et haec litera probat quod canonici erant actores quia reo non imponitur silentium sed actori. Panormitanus, ad 21 X (suborta) de re iud. (2, 27).

8) Baldus, ad 3 (si pater) C qui bonis cedere (7, 71) n. 2. No. quod aut reus petit imponi silentium actori aut actor reo. Primo casu aut reus possidet et potest — aut non possidet et non potest nisi actor eum provocaverit ad iudicium. Spätere Schriftsteller nehmen in der Regel Bezug auf Guido Papa (Guipape), Decisiones Grationopolitanae q. 219, n. 2, der wieder an eine scholastische Distinktion des Cynus anknüpft (ad 1 C. de alien. iud. mut. c. facta (2, 54) n. 7), dass die rei vindicatio dem Besitzer zwar nicht als formalis, aber als causalis zustehe; er sagt: Sed an dominus existens in possessione rei suae possit agere actione in rem et petere pronuntiari rem sibi pertinere iure dominii vel quasi? — Credo tamen quod sic et hoc videtur tenere Inno. in c. 1 de conf. ut vel inut. ubi dicit sic formaliter.

schon auch auf Familienverhältnisse angewandt. Es ist Bonaguida in seiner Summa super officio advocationis, welcher zuerst folgende interessante Formel aufstellt[9]:

„Si mulier aliqua te molestat, dicendo, te suum esse maritum, sic formabitur libellus. Libellus. Petit Titius, Mariam compelli desistere et cessare ab injuria et molestia, quam sibi facit dicendo falso, ipsum suum esse maritum. Unde petit, eam prohiberi a praedictis et sibi perpetuum silentium imponi: vel quod probet, si quid iuris habet in eo. Probatur haec forma petendi C. de ingenuis manumissis 7, 14, diffamari 5, et de remissione pignoris 8, 26. si eo tempore 6 et ff. de bonis auctoritate judicis possidendis 42, 5. si servus 4, et notat dominus Accursius in praedicta l. si eo tempore 8, 26. 6, et melius in l. diffamari. 7, 14. 5[10]."

Sofern man nun aber die Klage auf silentium imponi, angewandt auf dingliche und quasidingliche Rechte, nur demjenigen zusprach, welcher eben das streitige Recht für sich selber in Anspruch nahm[11], so steckte in dem silentium imponi immer auch ein positiver Gehalt. Und es kann nicht fehlen, dass dieser positive Gehalt allmälig herausgekehrt wird, in der Form zu Tage tritt. So kann der mit einem beneficium Beliehene[12] einem bestimmten Gegner gegenüber, aber auch nur gegenüber einem solchen[13], kla-

---

9) Pars II, Tit. 7. de formatione libellorum super sponsalibus vel matrimonio et impedimentis eorum. Wunderlich, Anecdota S. 193. Ueber die Klage auf Anerkennung der legitimen Geburt weiter unten.

10) Eine dem Sinne nach identische Formel s. bei Durantis, spec. iud. IV, 4 de sponsalib. et matrim. 5, 4.

11) Vgl. ad c. 25 (abbate) X de verb. sign. (5, 40) Innoc., Host. (oben mitgetheilt). Jo. Andr.

12) Innocentius IV. und die Späteren, ad c. ex insinuatione (3) X de procur. (1, 38) und c. 1 X de conf. ut. vel inut. (2, 30).

13) Diese Beschränkung macht Hostiensis und die Späteren nach ihm ad c. 1 X (2, 30). Qui habet ius in ecclesia dummodo contradictorem habeat potest petere quod pronuncietur se fuisse canonice institutum.

gend beantragen: suam institutionem ratam decerni [14]), der besitzende Eigenthümer: pronuntiari rem sibi pertinere iure dominii vel quasi [15]), und, augenscheinlich von der Rechtsübung seiner Zeit geleitet, knüpft Bartolus an den Satz des römischen Rechtes, dass die actio negatoria und confessoria auch dem Besitzer zustehe, (l. uti frui (5) D. si usus fructus petatur (7,6)) die Bemerkung: quamvis aliquis comes possideat comitatum suum, tamen potest petere, ut declaretur comes et sic etiam ut multa alia valet.

§ 9. Gerichtliche Confirmation.

Auf dieses Resultat wirkte eine andere Gedankenreihe hin, welche von einem rein processualen Institut ihren Ausgang nahm.

Im deutschen Rechtsleben bestand die Sitte, das Urtheil eines untergeordneten Gerichtes durch Urtheil eines höheren, vor Allem des Reichsgerichtes, confirmiren zu lassen; und das kanonische Recht hatte diese Sitte recipirt. Es hatte die Urtheilsconfirmation gewisse processualische Wirkungen, welche hier nicht weiter interessiren; von Wichtigkeit ist hier nur, dass man diese Sitte der Confirmation auch auf aussergerichtliche Akte übertrug: es kann das Urtheil des Gerichtes auch dazu angerufen werden, die Gültigkeit aussergerichtlicher Rechtsakte lediglich zu bestätigen.

Wie tief eingewurzelt diese Vorstellung war, zeigt eine äusserlich höchst verwunderliche Stelle der Accursianischen Glosse [1]). Das römische Recht forderte bei der operis novi nuntiatio vom Nuntianten Leistung eines Calumnieneides; sofort denkt sich die Glosse diesen Calumnieneid in nothwendige Beziehung zu einer Klage des Nuntianten [2]), und nun fragt sie:

---

14) Innocentius IV. und die Späteren, ad c. ex insinuatione cit.

15) Guido Papa cit.

1) ad l. De pupillo (5) § qui opus (14) D. de op. nov. nunt. (39, 1).

2) Auth. si offeratur C. de lit. cont. (3, 9).

„Quae erit actio? Respondeo: in factum ex hoc edicto ut Inst. de interd. § fi. Sed quid petetur? Respondeo ut nuntiatio firma maneat et ille non procedat in opere et designabitur etiam in quo et qualiter: ut per iactum lapilli vel aliis modis vel dic qualiter id est propter naturalem causam vel publicam vel impositiciam, et inquantum ut ī. proxim. §. et sic de facto vidi; ultimo remittetur nuntiatio — vel confirmabitur."

Zwar erhebt sich gegen diese Glosse vom Standpunkte des reinen römischen Rechtes aus vereinzelter Widerspruch[3]; aber die Autorität des Bartolus stützt sie, mit Erwägungen allgemeiner Natur begründet er sie: er findet darin den Ausdruck eines allgemeinen Gedankens, welcher dem Geiste seiner Zeit, vor Allem dem Geist des kanonischen Rechtes conform ist[4]; und alle Späteren lassen sie gelten[5].

Man wandte die Confirmation auch auf Verträge[6], mit Vorliebe aber auf das Recht zum Besitze[7]) an; und

---

3) Bartolus, ad l. de pupillo (5) § qui opus (14) D. de op. nov. nunt. (39, 1) „Quando legi Pisis, librum habui domini Andreae de Pisis aliquibus diebus et reprobabat istam opinionem glossae quia nuntiatio ex hoc edicto est firma et remittitur praestita satisdatione ut l. 1 pr. s̄. eod. et sic frustra petitur firmari quod est firmatum; argu. l. quae sub conditione § fi. s̄. de condi. insti. ergo erit secundum hoc practica, ut summarie ex suo officio parte petente praetor cogat adversarium iurare de calumnia."

4) Bartolus fährt fort: „— tamen ista opinio glossae probatur per l. 2 s̄. eod. tit. — et ista practica est bona per l. 3 § missum s̄. de Carbo. ed. et l. 1 C de Carbo. ed. et secundum unam lecturam est ibi casus quod ille qui est in possessione petit sibi eam confirmari — et secundum canones hoc non habet dubium, qui admittunt, quod ille qui habet sententiam pro se potest petere eam confirmari licet non fuit appellatum; idem in aliis actibus legitimis et canonicis ut X de conf. ut. vel. inut. c. si quis et c. de confirmationibus et ibi per Inno. et Jo. Andr."

5) Vgl. z. B. Baldus und Alex. Tartagnus zu dieser Stelle.

6) Ludov. Romanus ad l. 12 D. de acquir. her. (29,2) n. 3: „Aliquando ad cautelam fit, quod contractus et sententia quae validitatem habent, petatur a iudice confirmari."

7) Al. Tartagnus ad 1 C. de Carb. ed. (6, 17) Communis est

stellte sie namentlich dem Erbschaftsbesitzer zu Gebote, als Mittel, sich, gegenüber befürchteter Anfechtung, in dem aussergerichtlich erlangten Besitze der Erbschaft, auf Grund eines äusserlich fehlerlosen Testamentes (l. ult. Cod. de ed. div. Hadr. toll.), durch richterlichen Ausspruch bestätigen zu lassen. Von dieser Praxis berichtet schon Cynus[8]):

„Sexto et ultimo loco colligitur hic argumentum ad quandam utilem quaestionem, quae de facto saepe contingit[9]). Pone quod quidam heres possessionem rerum hereditariarum sua propria auctoritate nactus sit, modo timens, ne a quibusdam deiiciatur qui dicunt se heredes, petit a iudice in possessione confirmari, ostendendo testamentum, in quo est heres scriptus, non cancellatum non abolitum etc., dubitatur, an debeat audiri? arg. est in hac lege quod sic."

Die späteren Commentatoren[10]) schliessen sich in langer Reihe an.

---

opinio quod possit peti confirmatio possessionis indistincte; s. bei ihm die weiteren Litteraturangaben. Einen Anwendungsfall s. z. B. bei Bartolus, l. creditores (3) C. de pignoribus (8, 9) n. 26. „— in proposito data licentia per iudicem parte non citata nihil operatur, nec dari debuerit — si tamen contra fecerit, iudex nihil operatur, sed perinde est ac si debitor sua autoritate intraverit, et ideo per iudicem postea parte citata erit confirmandus in possessione." Vgl. Baldus, Consil. III. 436 inc. quidam creditor: „ex istis tamen omnibus concludi videtur, quod missus conventionis potius quam iussionis seu missionis autoritate sit tuendus in possessione: nisi peteret eam sibi confirmari causa cognita per praetorem."

8) ad l. 1 C. de Carb. ed. (6, 17) n. 8.

9) Odofredus bemerkt schon in seiner Lectura zur l. ult. C. de ed. div. Hadr. toll. (6, 33) haec lex est optima lex et apud Italicos valde in usu; das Verfahren berührte sich eben nahe mit der deutsch-rechtlichen Erbeslegitimation.

10) Vgl. z. B. Bartolus zu derselben Stelle; dann Alex. Tartagnus, Phil. Decius. Auch zur l. ult. C. de ed. div. Hadr. toll. (6, 33) wird die gleiche Frage behandelt. S. auch Berous, Consil. II. 54, n. 2. u. A. m.

§ 10. Nichtigkeitsklage.

Die Kehrseite der Klage auf Bestätigung des an sich gültigen Rechtsaktes ist die Klage auf Nichtigkeitserklärung des an sich nichtigen Rechtsaktes. Die eine ist durch die andere gefordert [1]).

Auch hierin ist das deutsche Recht vorbildlich gewesen, nur musste sich das einseitige Verfahren zur Constatirung der Nichtigkeit nothwendig in ein zweiseitiges verwandeln; denn das romanische Urtheil setzt einen Parteistreit voraus.

Der theoretische Ausgangspunkt ist auch hier ein processualer. In Anknüpfung an das römische Recht [2]) hatte das kanonische Recht die Nichtigkeitsklage gegen Urtheile, die processuale Nichtigkeitsbeschwerde, ausgebildet. Diese Nichtigkeitsklage ward in weitestem Umfang auch auf ausserprocessuale Rechtsakte [3]) angewandt; es kennt insbesondere das kanonische Recht die Klage auf

---

1) Diesen inneren Zusammenhang hebt Ludov. Romanus hervor in der unten angeführten Stelle ad l. 12 D. de acquir. her. (29, 2).

2) Vgl. Wetzell, System, 3. Auflage, S. 789.

3) Vgl. namentlich Formulare advocatorum curiae Romanae (entstanden Anfang des 15. Jahrhunderts, vgl. Bethmann-Hollweg, Civilproc. in gesch. Entw. Bd. VI, S. 264 f.) tract. I, tit. 9. „In causis nullitatum scilicet quando committitur et petitur annullari aliquis processus vel sententia vel alius actus extraiudicialis, tunc si est actus iudicialis aut nullitas constet ex eisdem actis, et tunc, causa commissa et citata parte ad dicendum contra commissionem et producto processu sive actu iudiciali qui annullari petitur et parte citata ad dicendum contra, non requiritur alia observatio terminorum quam sententia. In aliis vero nullitatibus sive extraiudicialibus sive iudicialibus quando non constat ex eisdem actis de nullitate requiritur plenus ordo iuris et plena observatio terminorum secundum causae naturam, ut si causa beneficialis vel alia summaria, de quibus supra, proceditur ut in illis in quibus declaratum est. Si est profana et ordinaria proceditur ut supra dictum est." Formulare solcher Nichtigkeitsklagen s. bei Bonaguida, summa super off. adv. lib. II. tit. 7. (Wunderlich, Anecdota S. 191. 194. 194 u. 195). Vgl. Richter-Dove, Kirchenrecht § 285.

Nichtigkeitserklärung einer Ehe; einer Wahl, auch einer bereits confirmirten [4]); eines unverbindlichen Eides [5]).

Die Klage ist gerichtet auf cassare, cassum pronuntiare, daneben auch auf silentium imponi [6]). Sie wird, wie die processuale Nichtigkeitsbeschwerde [7]), aufgefasst als eine imploratio des officium iudicis [8]), doch kann sich da-

---

4) Vgl. z. B. c. 3. 9. in VI° de elect. 1, 6. Innocentius IV. ad c. (5) in literis X de restit. spol. (2, 13). „No. quicquid fit per violentum possessorem revocari debet; et electiones factae a malae fidei possessoribus cassabuntur etiam si sint confirmatae." Hostiensis apparatus zu derselben Stelle: „et ideo non valet sed cassanda est officio iudicis implorato ar. s̄. de rest. in integr. c. 2 licet ibi non loquatur de confirmata sed de confirmanda electione. Sed idem iuris est utrobique." Vgl. Jo. Andreae und die Späteren zu dieser Stelle. S. auch Durantis, spec. iud. IV. 1 de electione 1, 64.

5) c. 12, l. 18 X de iur. (2, 24) s. gl. absolvendi] ad c. 12, 1 X de iur. (2, 24): ad cautelam; gl. posse constringi] ad c. 2 eod. nullum fuit hic iuramentum, vgl. mit gl. absolvimus] intellige de facto ad cautelam. Vgl. Richter-Dove, Kirchenrecht § 261 IV.

6) Vgl. Bonaguida sup. off. adv. II 7 (Wunderlich, S. 191. 194. 194 u. 195); die zahlreichen Libelle bei Durantis, spec. iud. IV. 1 de electione 1, 48 ff.

7) Vgl. die Stellen bei Wetzell, System § 60 N. 34.

8) Besonders energisch Hostiensis (dem Gedanken nach Innocentius IV.) apparatus ad c. cum ecclesia Sutrina X de caus. poss. et prop. §. verum clerici. — et siquis diligenter attendat satis potest coniicere, quod haec verba sola: peto electionem infirmari, (confirmari ist verdruckt) nec petitorium nec possessorium intentatur, quia per haec verba nec ius eligendi nec possessio tangitur. Aliud est quando iungitur in libello: cum electioni consueverimus interesse, et nobis exclusis et contemptis fuerit talis electio celebrata, eam petimus infirmari. — Freilich fügt er dann (übereinstimmend mit Innocenz) hinzu: vel dic quod hoc ipso quod electio petitur confirmari vel infirmari, videtur hoc peti omni iure quo melius potest, was das Gegentheil seines ersten Diktum's ist. Vgl. jedoch Innocentius IV. ad (5) in literis X de rest. spol. (2, 13) non valebit electio ab aliis facta sed officio iudicis implorato cassabitur; ad 2 X de restit. in integr. (1, 41); Hostiensis und Jo. Andreae zu diesen Stellen; von den Späteren vgl. Antonius de Butrio ad c. 2 cit. n. 27: „electionis cassationem debet quis petere iudicis officio et non iure actionis." — Vgl. Innocentius IV.,

mit die Geltendmachung eines Rechtes verbinden, sofern der Kläger die Nichtigkeit auf Grund eines eigenen Rechtes behauptet. Das Verfahren bestimmt sich nach der Natur des Rechtsgeschäftes, dessen Nichtigkeit festgestellt werden soll [9]).

Der Gedanke, welcher der Nichtigkeitsklage zu Grunde liegt, wird auch so ausgedrückt [10]): es solle zwar nicht ein ius, aber ein factum entkräftet werden.

Dieser Ausdruck begegnet uns mit der Sache selber auch schon in der Accursianischen Glosse:

gl. ad distrahendam] ad l. ex emto (11) § is qui vina (6) D. de act. emt. et vend. (19, 1): „— dic — agatur ut distrahatur in eo quod de facto processit i. e. arrhae datio ut reddatur et instrumenta emtionis cassentur: de iure enim non rescinditur, cum ipso iure sit nulla."

gl. si in hoc ipso] ad l. 7 D. de dolo malo (4, 3) „— Ad quid datur de dolo ubi contractus non tenet ipso iure? Rn. ut quatenus de facto processit venditio revocetur."

An diese Stellen knüpft auch die spätere Doktrin an; sie betrachtet, gleich der kanonistischen, die Nichtigkeitsklage als eine imploratio des officium iudicis; und es äussert sich dies darin, dass, wenigstens nach einer Meinung, die Nichtigkeitsklage der Libellform nicht bedarf [11]), welche ein wesentliches Kriterium der actio ist.

Hostiensis, Jo. Andreae ad c. cum ecclesia Sutrina X de caus. poss. et prop. cit. Durantis spec. iud. IV. 1 de electione 1, 60.

9) Form. advoc. cur. Rom. I. 9 cit.

10) Vgl. gl. revocare] ad c. 9 (nosti) X de elect. (1, 6) „talis revocatio potius erat de facto quam de iure mit c. 16 X de app. (2, 28) quum non esset excommunicatus de iure, de facto tamen fecerunt eum absolvi; ferner gl. absolvendi] ad 12, 1 X de iureiur. (2, 24) gl. absolvimus und posse constringi] ad c. 2 cod. cit. Bonaguida l. c. II. 7. Formul. adv. cur. Rom. Libellor. et Inquisitionum formae XI. Lib. contra excommunicantes absque iurisdictione — „ipsas quatenus de facto processerunt revocandas annullandas cassandas et irritandas fore."

11) Albericus de Rosate ad l. 11, 6 D. (19, 1) aliquando agitur ad rescindendum de facto, quod de facto processit et h. d. — Tenet Guido de Suzaria, quod super tali revocatione de facto non est opus libello, licet alii contra.

Besonders häufig wird die Nichtigkeitsklage zum Zwecke der Urkundencassation benutzt. In dieser Anwendung zeigt sie schon die Glosse ad distrahendam cit. und findet sie sich in der Doktrin vorzugsweise erwähnt[12]); so wird sie namentlich auch auf guarentigiirte Urkunden angewandt; hier scheint sie die ursprüngliche dem römischen Recht entnommene Klagform der condictio verdrängt zu haben[13]).

Auch im Statutarrecht wird die Nichtigkeitsklage im weitesten Umfange anerkannt. So bestimmen namentlich die Statuten von Bergamo[14]) (aus dem 15. Jahrhundert)[15]), dass die Nichtigkeit eines Rechtsgeschäftes[16]) Jeder klagend solle geltend machen können, der ein Interesse daran habe, „cuius interest", und dass über diese Klage in summarischem Verfahren „secundum conscientiam" entschieden werden solle[17]).

---

12) Vgl. Bonaguida, sup. off. advoc. II. 20 (Wunderlich, S. 213). Paul. de Castro Consil. II 319 n. 4 „etiam instrumentum nullum vel sententia (petitur) cassari vel cancellari D. de act. emt. l. ex emt. § is qui vina." Ludov. Romanus ad l. 12 D. de acquir. hered. (29, 2) „Aliquando — ad cautelam fit, quod contractus et sententia, quae validitatem habent, petatur a iudice confirmari — et sic etiam instrumentum, quod de iure est nullum, petitur aut peti potest per iudicem cassari." Hier hat vielleicht auch die Longobardische Sitte eingewirkt für ungültig erkannte Urkunden zu zerschneiden — das häufige fiat taliata der Formeln des liber Papiensis. In dem Maasse, in welchem die Bedeutung der Urkunde wächst, wächst natürlich auch die Vorsicht, mit der man jede Urkunde behandelt. Besonders vorsichtig erscheinen die Statuten von Venedig von 1242; sie bestimmen — vgl. VI. 19 mit I. 63 — dass jede Urkunde, auf Grund deren ein Gläubiger Urtheil und Exekution erwirkt habe, zerschnitten werden solle.

13) Vgl. Antonius de Canario, de executione instrumentorum n. 90 (Briegleb, Exekutivprocess, Belegstellen S. 196) debitor (petit) instrumentum nullum pronuntiari mit Guido de Suzaria, de guarentigiato instrumento n. 33 (Briegleb, das. S. 47) promissor — dicens instrumentum simulatum — condicens instrumentum debiti inefficax; dazu Briegleb, Exekutivprocess S. 105. 106.

14) Stat. Bergomi III. 17, vgl. III. 16. IV. 4.

15) Wach, Arrestprocess S. 225.

16) Insbesondere eines simulirten.

17) Vgl. auch Stat. et reform. urb. Romae I. 73 (citirt bei

§ 11. Die Inquisitio in Feststellungsfunktion.

Als Mittel der Sicherung des Besitzes hat sich speciell auch die Inquisitio in Feststellungsfunktion bis in die spätere Zeit aus dem deutschen Rechte erhalten; es wird dies bezeugt durch eine merkwürdige Urkunde[1]) des Grafengegerichtes von Savoyen aus dem Jahre 1250:

„Cum Th. — nomine comitis sive universitatis segusiae diceret et proponeret coram nobis — quod homines segusiae consueti erant ponere equos mulos et asinos et boves et alias bestias in monte panterio et eas longissimo tempore tenuisse in dictis pascuis et in possessione dictorum pascuorum longissimo tempore fuisse petens a nobis dictus Th. nomine hominum sive universitatis segusiae ut dicta pascua dictis hominibus segusiae deffenderemus et in possessione dictorum pascuorum teneremus ipsos et manuteneremus dicens et proponens idem Th. ut nos supra praedictis pascuis et usu pascuorum ex officio nostro inquireremus per testes et instrumenta, et praedicta si de iure esset facta inquisitione eis adiudicaremus et ipsos in praedictis deffenderemus: nos vero — facta diligenti inquisitione receptis testibus dictorum hominum segusiae sive universitatis ipsius super praedictis viso etiam instrumento uno super hoc producto — habito etiam iuris peritorum consilio sic dicimus et definiendo in scriptis pronunciamus

---

Degenkolb, Einlassungszwang S. 209 N. 3); generalis balia mercaturae (Lastig, Quellen des Handelsrechts S. 421): et si appareret per quattuor testes bonae famae talia instrumenta et iura producta esse simulata et fictitia talis producens talia iura et instrumenta — compellantur cassare et ipsis renuntiare. Ferner siehe das interessante Consultum Maioris Consilii von Venedig a. d. J. 1357 (Stat. Venet. ed. Venet. 1729 p. 113 Nr. 16) de cambiis, contractibus usurariis: „— Quod etiam observetur, quando Denarii contractus Cambiorum stipulati essent per Publica Instrumenta, videlicet quod Debitores per modum quaerimoniae recurrant ad Curias Nostrae Iustitiae, quarum Curiarum Iudicibus damus illam libertatem plenissimam reducendi Cambia ad rectas et iustas quantitates Denariorum ut superius de Consulibus (Mercatorum) est expressum."

1) Monumenta Historiae Patriae Legg. p. 14.

de voluntate et mandato domini Amedei comitis Sabaudiae — et marchionis in Italia quia dicimus et pronunciamus: quod homines segusiae habent pascua in monte panterio et ipsos homines esse et fuisse longissimo tempore in quasi possessione dictorum pascuorum, inhibentes varcinis ne de cetero violentiam vel iniuriam faciant hominibus segusiae vel familiaribus ipsorum sive bestiis in dictis pascuis, salvo tamen iure aliarum personarum si quod habent in dictis pascuis."

Diese Urkunde zeigt keinerlei Beziehung zu irgend einer actio des römischen Rechts. Die Kläger begehren inquisitio vom Gerichte über angeblich ihnen zustehende Rechte, begehren sie bestimmten Gegnern[2]) gegenüber und zwar ad manutenendum, zur Sicherung ihres Besitzes; die Doktrin gebraucht ganz denselben Ausdruck für die Klage des Besitzers auf silentium imponi[3]). Das Resultat der inquisitio ist eine pronuntiatio, das Verbot der Störung[4]) schliesst sich als selbstverständliche Folge an. Der historische Zusammenhang mit der alten inquisitio ist nicht zu bezweifeln. Er zeigt sich auch darin, dass der Inquisitionsantrag sich an das officium iudicis wendet, es wird beantragt: dass ex officio das Gericht inquirire per testes; dies inquirere ex officio ist mit der Zweiseitigkeit gerade auch der alten inquisitio eigenthümlich[5]).

---

2) Dies beweist der Schluss der Urkunde.

3) Vgl. Antonius de Butrio, ad c. in praesentia (8) X de probat. (2, 19) n. 20. „— possidenti non datur actio ad consequendum sed bene ad manutenendum quod possidet ut adversario silentium imponatur."

4) Dass das Verbot nicht mit einer ausdrücklichen Strafandrohung versehen ist, hat nichts Auffallendes; denn dass der Richter befugt sei, seinen Befehlen durch Strafe Nachdruck zu geben, betrachtete man auf Grund der l. un. pr. D. si quis ius dic. (2, 3) und 1, l. 5, 1 D. de off. ei. cui mand. iur. (1, 21) als etwas Selbstverständliches; vgl. namentlich die interessante Stelle des Roffredus, de libellis P. III. Rubr. si quis ius dicenti non obtemperaverit.

5) Vgl. v. Bethmann-Hollweg, V. S. 149. Das instrumentum wird ganz nebenbei erwähnt: viso etiam instrumento. Dass die Zeugen Nachbarzeugen sind, folgt aus der Natur des Gegenstandes von selbst. Uebrigens ist, seitdem der Grundsatz von der

Die Inquisitio findet sich in Feststellungsfunktion auch noch im kanonischen Rechte angewandt. Ein Beispiel dafür ist c. 34 (cum olim) X de testibus (2, 20); hier beantragt sede vacante der Archidiakon, dass der Status der Kirche durch päpstliche Inquisitio festgestellt werde, und zwar gegenüber einer bestimmten Partei, dem Erzbischof, welcher behauptet, dass die Kirche ihm unterworfen sei; eine thatsächliche Verletzung ist nicht vorausgegangen — so fasst schon die ältere Doktrin den Fall auf[6]). Die Inquisitio bedarf, wie das päpstliche Reskript hervorhebt, zu ihrer Durchführung keiner Litiscontestatio; auch ohne Einlassung des Gegners können, entgegen dem Satze ut lite non contestata non procedatur ad testium receptionem vel ad definitivam sententiam, die Inquisitionszeugen vernommen[7]) und Urtheil gesprochen werden; das gilt von der päpstlichen Inquisitio ebenso wie von der fränkischen[8]);

Gemeinschaftlichkeit der Beweismittel sich in der Praxis Geltung verschafft hat — s. Wetzell, System § 25, N. 4 — die bedeutendste Eigenthümlichkeit der inquisitio gefallen und es erklärt sich leicht, wenn sie allmälig in Vergessenheit gerieth; noch spärliche Ueberreste ihrer Verwendung in causis civilibus finden sich — mit den Litteraturangaben — bei den späteren lehnrechtlichen Schriftstellern zusammengestellt; s. Baldus und Matthaeus de Afflictis ad § si tres F. de pace tenenda (2, 27).

6) Hostiensis gibt in seinem Apparatus ihn so wieder: „— hanc (ecclesiam) tenet archiepiscopus cantuariensis pro suffraganea, unde vacante sede huius ecclesiae archiepiscopus c. voluerit dare beneficia vacantia ad donationem episcopi m. spectantia et custodiam ecclesiarum vacantium habere; sed archidiaconus m. opposuit se dicens quod non illa ecclesia sibi subesse debebat; — super praedictis igitur sede vacante fuit mota quaestio." Vgl. nach Hostiensis auch Jo. Andreae zu dieser Stelle. Daneben wird charakteristischer Weise auch wohl angenommen, es liege der Fall einer Diffamation vor, der Erzbischof habe die Kirche „diffamirt", dass sie ihm unterworfen sei, weshalb die l. diffamari C. de ingen. manum. in Anwendung komme; Innocentius IV. bemerkt freilich dagegen, dass ihm das nicht scheine, weil er der Ansicht ist, dass der Erzbischof im Besitze sei.

7) Vgl. auch Durantis, spec. iud. I, 4 de teste 2, 4. XXXV.

8) Vgl. die Fälle, in welchen das Inquisitionsverfahren vor sich geht, obwohl der Beklagte sich ausdrücklich weigert in das-

die päpstliche Inquisitio entspringt der päpstlichen Inquisitionsgewalt ebenso wie die fränkische der königlichen. Aber es ist dies Inquisitionsverfahren wesentlich verschieden von jenem einseitigen Inquisitionsverfahren, welches der Papst ohne Parteiantrag ex officio einleitet; es ist vielmehr ein Verfahren mit echtem Parteiverhältniss. Schon Innocentius IV. betont diesen Gegensatz und in der behaglicheren Weise seines Apparatus setzt ihn Hostiensis auseinander[9]).

---

selbe einzutreten; Vaisette 2, 27; Memorie di Lucca 4b, 52; vgl. Brunner, Abhandlungen d. Ak. cit. S. 470; Ficker, Forschungen I. § 9 n. 1.

9) Hostiensis ad c. cum olim cit. „— hic non admittitur archidiaconus iure communi sed ad prosequendam inquisitionem: quam licet ad eius instantiam ipsam tamen papa ex officio suo facit; et quod in forma inquisitionis proceditur, hic apparet ex eo quod lite non contestata recipiuntur testes et diffinitiva sententia fertur quod non licet si directo agitur. Sed quando in modum inquisitionis proceditur bene liceret. — Sed huic intellectui videtur contradicere — ubi expresse dicitur, quod archiepiscopus per exceptionem repelli potest, unde non videtur quod hic in forma inquisitionis agitur, cum in ea habeatur fama loco accusatoris et quae ex quo vera est nulla exceptione repelli potest, ut patet infra de accus. qualiter 2 § 1 v. non tanquam. Item contra hoc est: quia hic erant partes quae et per procuratores admittebantur et lis mandatur legitime contestari —; haec autem quando in forma inquisitionis agitur, non vendicant sibi locum. — Solutio: contraria praedicta locum habent, quando superior nullo prosequente inquisitionem sed sola fama deferente ex puro et mero officio suo in inquisitione procedit. Tunc enim sola fama est pars una, quae nec exceptione repelli potest nec procuratorem constituere nec litem contestari. Porro ubi aliquis inquisitionem impetrat et ipsam prosequitur et maxime ubi agitur de iure uni dando vel accrescendo vel alii subtrahendo, in tali casu certum est, quod impetrans et prosequens inquisitionem partem actoris sustinet, et is contra quem proceditur vel de cuius praeiudicio agitur, partem rei; et hae partes tales sunt, quae possunt procuratores constituere et libellum offerre et litem contestari et reus contra actorem excipere.“ Vgl. auch Jo. Andreae zu dieser Stelle.

§ 12. Das interdictum uti possidetis als Feststellungsmittel.

Als römisch-rechtliche Kategorie für die Feststellungsklagen zur Sicherung des Besitzes ergab sich der Doktrin, vermöge einseitiger Betonung des Zweckes der Besitzessicherung, unter dem Einfluss frühzeitiger Vermischung des possessorium mit dem petitorium — das interdictum uti possidetis.

Das interdictum uti possidetis wird gegen Rechtsbestreitung verliehen, und es kann nach einer die Praxis beherrschenden Vorstellung auf silentium imponi auslaufen.

Es wird gegen Rechtsbestreitung [1]) verliehen, sofern daraus dem Besitzer als solchem ein Nachtheil erwächst; es wird verliehen gegen den „Diffamanten“, gegen den, welcher dem Besitzer das Recht zu besitzen bestreitet, oder gar behauptet, dass er Besitzer in bösem Glauben sei.

Dass ferner nach der Anschauung der Praxis das interdictum uti possidetis auch geeignet war, impositio silentii herbei zu führen, das wird durch Folgendes bewiesen [1a]).

Die Doktrin gewährte das interdictum uti possidetis nicht bloss gegen aussergerichtliche, sondern auch gegen gerichtliche unbegründete Bestreitung [2]). Daraus berei-

---

1) Innocentius IV. verneinte dies ad c. 8 X de rest. in integ. (1, 41); gegen ihn behauptet es Bartolus und nach ihm die Späteren ad l. 1 § hoc interdictum D. uti possidetis (43, 16); ebenso die Späteren ad § 4 (retinendae) J. de interd. (4, 15) z. B. Angelus Aretinus n. 3. S. auch Baldus, Consilia III. 447. Vgl. ferner die unten Note 2 Citirten.

1a) Vgl. auch Innocentius IV. ad c. 8 (in praesentia) de probat. (2, 19) v. plures] etiam agendo interdicto possidetis, ex quo constat, quod vi vel clam possidet ab adversario, imponitur sibi silentium, quia aliter non cessaret a turbatione ut dicunt quidam licet non probent illud iuribus.

2) Bartolus und die Späteren nach ihm (vgl. z. B. Alexander Tartagnus, Jason n. 16. 21. 22) ad l. si priusquam (15) D. de op. nov. nunt. (39, 1); Baldus ad l. 13 C. de rei vind. (3, 32); von den Kanonisten z. B. Anton. de Butrio ad c. 4 X de rest. spol. (2, 13) Felinus Sandeus ad c. 9 X de prob. (2, 19).

tete die Advokatenpraxis einen eigenthümlichen Kunstgriff. Als Besitzer einer Sache belangt, erhob man gegen den Kläger das interdictum uti possidetis; dadurch gelangte man zu einer positiven Feststellung des eigenen Rechtes, und vermochte vermittels eines wirksameren Contumacialverfahrens[3]) rascher denn als bloss Beklagter die impositio silentii gegen den Kläger zu erwirken.

Diese Verwendung des interdictum's uti possidetis wird bezeugt durch eine interessante Urkunde aus dem Jahr 1448[4]).

Der Fiskus verfolgt vor Gericht eine inquisitio gegen die Stadt Turin in Betreff gewisser streitigen Rechte. Der Anwalt der Beklagten trägt vor:

„quod decuriones — fuerunt molestati in vestro auditorio indebite et iniuste — petit — cives Taurini per vos absolvi, petit insuper et inde pronunciari et declarari ipsos cives Taurini qui in possessione vel quasi talium iurium steterunt per tantum tempus, cuius initii memoria non existit, fuisse indebite in eorum possessione vel quasi turbatos ipsosque — non esse imposterum in ipsa possessione turbandos — et super praemissis petit domino advocato fiscali deinceps in perpetuum silentium imponi, vestrum in praemissis quatenus expediat officium implorando."

Im Formulare advocatorum benutzt das interdictum uti possidetis ganz in derselben Weise der Anwalt des Besitzers eines Beneficium's, gegen welchen Klage auf Privation erhoben ist[5]). Und schon Antonius de Butrio weiss von dieser „Praktik" zu berichten, als von einer neuen[6]). Er sagt:

„Nota secundo quod pro molestatione iuris et iudiciali iniusta competit interdictum; ad hoc de officio ordinarii c. conquerente. Nota hic unam novam

3) Worüber unten.

4) Monum. Hist. Patr. Legg. p. 454.

5) Formulare advocat. cur. Rom. Libellorum et inquisitionum formae tit. 6 libellus pro reo contra quem agitur ad beneficii privationem, quia dicitur homicidium commisisse.

6) Comment. ad c. audita (4) X de restit. spol. (2, 13 n. 4. 5.

practicam cito expediendi iudicium pro parte possidentis, ut, cum videt actorem agere contra reum super re possessa, contra eum incontinenti porrigat libellum super possessorio retinendae et petat actorem compesci a molestatione, et super hoc libello, si probet defectum iuris agentis, obtinebit ut silentium imponatur adversario, ut non molestet eum.“

Es hat sich nun aber für das interdictum uti possidetis ein eigenthümliches Contumacialverfahren ausgebildet, und durch dieses erst erhält die Verwendung des Interdictes gegen gerichtliches und aussergerichtliches Bestreiten ihre volle Bedeutung.

Es ist klar, dass das gewöhnliche Zwangsmittel gegen den ungehorsamen Beklagten, die missio in possessionem hier unmöglich war; der Kläger besass ja, gerade sein Besitz sollte ja gegen die Störungen des Beklagten geschützt werden. Nun kennen zwar auch schon die Juristen des dreizehnten Jahrhunderts sehr wohl das einseitige Contumacialverfahren vor der Litiscontestatio, welche der Territorialprocess [7]) dieser Zeit aufzuweisen hat; schon von Roffredus [8]) wird es als gebräuchlich erwähnt. Aber auch dies schien nicht zu genügen. Bereits Roffredus [9]) gibt folgendes specielle Auskunftsmittel an:

---

7) Wach, Arrestprocess S. 182 u. 183. 189—191.

8) Roffredus, de libellis p. V. R. de bonis autoritate iudicis possidendis §. 13 — non est mirum, si ante litis contestationem probat actor de iure suo, quia hoc est hodie generale, ubicumque vult actor quod procedatur contra absentem sive ad dandam possessionem sive ad procedendum ad diffinitivam; ut C. quom. et quando iud. Auth. qui semel (Nov. 112 c. 3) wörtlich auch bei Durantis spec. iud. II, 1 de contumacia 3, 4; vgl. Dur. spec. iud. II, 1 de primo decreto 3, 27: si — negatur — filius nec est fama, tunc iudex potest recipere probationes patris super filiatione in patria potestate et super hoc etiam pronunciare sec. Ubertum, quia extraordinarium negotium est; die Stelle des Speculum, welche Wetzell, System § 49 N. 54 hierfür anführt (I. 4 de teste 2, 2) beweist nichts, da sie nur von der Zeugenvernehmung vor der Litiscontestatio redet.

9) Roff., de libellis p. II R. quod vi aut clam a. E., wörtlich bei Durantis, spec. iud. II. 1 de contumacia 3, 7.

„ex quo contumax non venit, iudex ex officio suo prohibebit — ne turbet quamdiu de iure suo probet ut — C. de ingenuis manumissis l. diffamari."

Man geht noch weiter; man weist den Richter an:

„quod — assignabit tibi (turbanti) terminum, intra quem venias vel a mea inquietatione cesses[10])."

Es ist nun interessant, zu beobachten, wie auf die Auffassung der L. diffamari selber die Rolle zurückwirkt, welche sie in der Entwickelung des Contumacialverfahrens im Besitzprocess gespielt hat. So bemerkt Baldus[11]):

„Illa L. (diffamari C. de ingen. manum.) loquitur in causa status. Nam si aliquis est in possessione existentiae sui iuris et diffamatur, videtur in sua possessione turbari et ideo turbanti assignatur terminus ad agendum, quo elapso imponitur sibi silentium[12])."

Noch deutlicher tritt die Vermischung des Urtheils in possessorio mit dem in petitorio hervor in der weiteren Bemerkung desselben Schriftstellers[13]):

„iudex debet pronunciare, ne de cetero inquietetur; quod idem est quod imponere perpetuum silentium super diffamatione et ipsa causa."

Ausdrücklich wird auch im Statutarrecht die turbatio verbis anerkannt. Die Strafe[14]) der turbatio possessionis

---

10) Das correspondirt jener oben Note 1a. 4 ff. erwähnten Ansicht, wonach das interdictum zum silentium imponi in perpetuum führen soll; s. Durantis, spec. iud. II. 1 de primo decreto 3, 37; die Stelle ist dem Guilelmus Naso, Glossator der Decretalien Gregor's IX. entnommen; im weiteren Verlaufe berichtet Durantis noch eine Meinung des Bagarótus, welche mit der des Roffredus im Wesentlichen übereinstimmt; vgl. auch spec. iud. II. 1 de primo decreto 3, 28 und 30 i. f.

11) Ad L. 7 C. de iis qui accusare non possunt (9, 1).

12) Vgl. Baldus, in Margarita ad Innocentium IV. verb. silentium: „Ex diffamatione imminet periculum diffamato — intellige, quod immineat periculum diffamato respectu turbationis suae quasi possessionis."

13) ad l. diffamari n. 8.

14) Hier arbiträre Strafe; sonst finden sich in den Stadtrechten meist specielle Strafbestimmungen für turbatio possessionis.

knüpfen die Statuten von Pisa an die allgemeine Voraussetzung:

„Si aliquis — aliquid dixerit vel fecerit, quominus (possessor) quiete suam rem et possessionem quasi gaudere — possit [15]).“

§ 13. Klagvorwurf und Feststellung.

Als Inhalt der Klage, vermittels deren die impositio silentii begehrt wird, als Gegenstand des „conqueri“, erscheint, ganz wie im deutschen Recht, theils die unbestimmte Beschuldigung des impedire, molestare, des „Hinderns“, theils aber der concrete Vorwurf, dass der Gegner ein bestimmtes Unrecht versuche, ein bestimmtes Unrecht thuen wolle. So macht in jener Formel des Speculum der Kläger seinem Gegner den bestimmten Vorwurf, dass er strebe, den durch Vergleich beendigten Streit wieder anzufachen, „quod eandem quaestionem nititur refragare“; mit dem Vorwurf begangenen Unrechtes verbindet sich zuweilen auch der Vorwurf des versuchten Unrechtes, des „conari facere“, und es tritt auch selbständig auf der Vorwurf des „facere velle“ [1]).

Im Grafengericht zu Verona wird im Jahre 1169 die folgende Klage bezeugt [2]):

(Assessor comitis dixit:) „domine comes; dominus U. — est conquestus apud nos de filiis quondam Si. dicendo eos velle auferre sibi decimam de terris“;

die Beklagten sind ausgeblieben:

„nos misimus pro illis ut venirent responsuros, ipsi venire noluerunt; modo vult dare suos testes causa pu-

---

15) Das Verfahren ist ein summarisches, d. h. hier beschleunigtes, vgl. Wach, Arrestprocess, S. 146; speciell Briegleb, Einleitung § 10; bes. S. 69.

1) Bonaguida, Summa sup. off. adv. II. 6, Wunderlich S. 187. „Libellus. A vobis, domino M., — petit presbyter R. — presbyterum J. — cessare et prohiberi ab injuria et molestia, quam sibi — facit et conatur facere super jure vel quasi percipiendi decimas — de terris, positis etc.“

2) Muratori, Antiquitates Italiae IV. 69.

blicandi, se ipsi aliquo tempore suprascripto hospitali dicere voluerint quod habeat suas rationes."

Dass jetzt nicht das gewöhnliche Ungehorsamsverfahren (mit missio in possessionem oder Störungsverbot), welches auch auf Zehntrechte[3]) anwendbar ist, sondern dass publicatio testium[4]) erfolgt, ist die Bestätigung dafür, dass es sich hier weder um Klage wegen thatsächlicher Störungen noch gar wegen Besitzentziehung handelt; denn die publicatio testium in Bezug auf dingliche Rechte gestattete man nur dem Besitzer und auch diesem nur, sofern im Process ihm nothwendig die Beklagtenrolle zufallen würde, dann nicht, wenn er actio confessoria oder interdictum uti possidetis hat[5]). Das einseitige Contumacialverfahren vor der litis contestatio scheint im zwölften Jahrhundert noch nicht gebräuchlich zu sein.

Den Vorwurf, dass der Beklagte Unrecht thuen wolle, enthält ferner der Libell, welchen Bonaguida gegen den Wucherer aufstellt, für den Fall, dass er noch nicht die Zinsen eingezogen habe[6]):

„Libellus. Conqueritur Maenius de Sempronio, petens, quod compellatis eum desistere et cessare ab injuria et molestia, quam sibi facit et conatur facere, volendo ab eo extorquere decem per usurariam pravitatem, unde petit eidem perpetuum silentium imponi, et quod mandetis judici saeculari, quod de ipsa causa non cognoscat, causa vel lite pendentibus coram vobis unde jus etc. —"

§ 14. Incidente und principale Feststellungsklage.

Auf die Bildung dieser Formel ist aber noch ein anderer bedeutsamer Faktor von Einfluss gewesen, die

3) Vgl. Durantis, spec. iud. II. 1 de primo decreto 3, 30. „Idem iuris est etiam si agatur de decima sec. Ubertum; imo sec. Papam statim est verus possessor — et iudex prohibebit reo, ne illum turbet donec de iure suo ostendat."

4) Von dieser ausführlich unten.

5) Vgl. Innocentius IV., Hostiensis, J. Andreae ad c. significavit (41) X de testibus (2, 20).

6) Summa sup. off. adv. II. 21. Wunderlich, Anecdota S. 213; vgl. Durantis, spec. iud. IV. 4 de usuris 1, 2.

Trennung nämlich der causae civiles und ecclesiasticae. Muss über einen im Process vor dem weltlichen Richter auftauchenden Incidentpunkt, der ausschliesslich der Competenz des geistlichen Richters angehört, vor diesem in abgesondertem Process auf Grund selbständiger Klage verhandelt werden, so bildet sich leicht vom Standpunkt des geistlichen Richters die Vorstellung, dass der Hauptprocess nichts weiter als die Veranlassung zu der vor ihm erhobenen selbständigen Klage sei, nur das Interesse an der Erhebung dieser selbständigen Klage begründe, — und bald ist man geneigt, diese Klage auch dann zuzulassen, wenn andere Interessen an deren Erhebung in Frage stehen. Dieser Gedankengang lässt sich in der älteren Doktrin deutlich beobachten.

Im c. lator (5) X qui fil. sint legit. (4, 17) fand sich der Fall dargestellt, dass in einem Erbschaftsprocess vor dem weltlichen Richter die causa natalium als Incidentfrage auftauchte. Die causa natalium gehört zur ausschliesslichen Competenz des geistlichen Richters, und der Papst, an welchen appellirt ist, verweist den Zwischenstreit, indem er zugleich für dessen Erledigung eine peremtorische Frist bestimmt, vor einen delegirten Richter. Der Process vor dem geistlichen Richter soll nun zwar, nach einer Meinung, durchaus nur als Incidentstreit behandelt werden; es soll zu seiner Einleitung namentlich keines Klaglibells bedürfen, es soll in dieser Beziehung die Sache vor dem geistlichen Richter ganz so behandelt werden, wie sie vor dem weltlichen behandelt worden sein würde, wenn er für sie zuständig gewesen wäre. Aber eine gleichzeitige Meinung stellt sich auf den entgegengesetzten Standpunkt; sie betrachtet die Klage vor dem geistlichen Richter als selbständige Klage, von der die petitio hereditatis nur als accessoria abhänge [1]).

---

1) Hostiensis apparatus ad 5 X cit. (im Wesentlichen nach Innocenz IV.) § tandem, tractatum] non dicit per quem modum; verum tamen cum hic in modum exceptionis fuerit propositum coram iudice saeculari videtur, quod, ipse sicut cognosceret de exceptione iurisdictionis suae proposita coram ipso sine libelli oblatione, sic etiam iudex ecclesiasticus, qui in locum eius succedit, sine libello

Zwar schliessen sich Innocenz IV. und Hostiensis der ersteren Ansicht an, aber sicherer, meinen auch sie, wäre es doch, sich zur Libellform zu bequemen; und — kurz darauf kommen sie unwillkürlich selber auf den gegnerischen Standpunkt zu stehen; zum c. causam quae (7) X eod. — dem Seitenstück zum c. 5 — wird nämlich bemerkt:

„Hic autem notandum, quod causa legitimationis non indifferenter tractatur: sed tunc demum cum subest aliqua iusta causa, puta quando quaeritur de bonis hereditariis vel de beneficiis ecclesiasticis vel ordinibus vel honoribus et quaestio incidit ut hic et supra c. lator —. Idem est secundum quosdam, ubi quis diffamatur C. de ingen. manum. diffamari. Alii dicunt, quod in illo casu notato non potest quis petere se pronunciari legitimum, sed tantum quod diffamatores debeant ab eius diffamatione cessare —. Plures et alias causas potest quis notare per diversa iura [2])“.

Die so entwickelte Feststellungsklage kann negativ [3]) oder positiv [4]) sein, sie ist in jedem Fall nur einem bestimmten Gegner [5]), einem „iustus contradictor“ gegenüber möglich; negative und positive Klage können auch im

---

procedere potest; quod admisit dominus noster — alii vero dicunt quod libellus est offerendus, pro quibus facit, quod hic exceptio praeiudicialis est, a qua tanquam a principali dependet petitio hereditatis tanquam accessoria — tutius est ergo libellum offerre. Vgl. auch Jo. Andreae h. l.

2) Hostiensis apparatus (in wesentlicher Uebereinstimmung mit Innocenz IV.) ad c. causam 2 cit. § nos attendentes; vgl. auch Innocentius IV., Hostiensis, Jo. Andreae zu c. 1 X de confirm. ut. v. inut. (2, 30) und die Späteren zu den citirten Stellen.

3) Die negative Klageformel s. bei Innoc., Host., J. Andr. ad c. tuam (3) X de ord. cogn. (2, 10). Vgl. Durantis, spec. iud. IV. 4 qui fil. sint legitimi 1, 1. „Libellus. Cum pater meus non fuerit maritus talis dominae de qua genuit talem: peto quod eam judicetis non legitimam filiam eius.“

4) Innocentius IV. ad 7 X cit. „— non semper — quis admittendus est, ut petat se pronunciari legitimum nec adversarius ut petat aliquem pronunciari illegitimum.“

5) Innocentius IV., Hostiensis etc. ad c. causam cit.

Widerklageverhältniss zu einander stehen [6]); ihr Ziel ist allemal eine pronunciatio (N. 2. 4).

§ 15. Beurkundungsklage. (Urkundenanerkennung, Urkundenerneuerung.)

Das Provokationsverfahren der älteren Zeit führte zur Beurkundung, und zwar zur öffentlichen Beurkundung; von dieser seiner Seite aus haben sich, wie es scheint, die Beurkundungsklagen des späteren Rechts als, ganz wie jenes, im weitesten Umfang anwendbare Feststellungsmittel entwickelt.

Die Theorie knüpfte an die l. sicut datam (26) C. de liberali causa (7, 16) an, welche dem Freigelassenen einen Anspruch auf Ausstellung eines Freilassungsinstrumentes verlieh. Man gab ebenso dem Herrn [1]) gegen den Vasallen einen Anspruch auf urkundliche Anerkennung des Lehnsverhältnisses, der Kirche einen Anspruch auf Beurkundung ihrer Freiheit vom Patronatrecht, dem Eigenthümer auf Beurkundung der Freiheit seines Grundstückes [2]);

---

6) Hostiensis apparatus ad c. causam cit. § nos attendentes. „Quid si quis petat se pronunciari legitimum, alius vero petat eundem pronunciari illegitimum? Respondeo facilius admittenda est prima petitio tanquam favorabilior quam secunda quae odiosa est. — Videtur tamen quod utraque sit admittenda et qui melius probaverit, obtinebit." Vgl. auch Jo. Andreae h. l. und die Späteren.

1) Alb. de Rosate ad l. sicut datam cit. — allegatur haec lex quod si vasallus confitetur se esse vasallum et dominus petat instrumentum recognitionis quod vasallus facere teneatur. Bestreitet der Vasall ausdrücklich das Lehnsverhältniss, so ist bekanntlich das Lehnsgut verfallen, s. Baldus h. l.

2) gl. monumenta] ad c. (41) significavit X de test. 2, 20, mit Berufung auf die l. sicut datam cit. Jo. de Imola und nach ihm Felinus Sandeus ad c. significavit (41) X de testibus (2, 20) mit Bezug auf die soeben citirte Glosse monumenta] n. 8. No. bene gl. quae quotidie allegatur —, quod potest reus agere contra actorem ut faciat sibi instrumentum super iure suo: puta super pacto de non petendo vel super libertate rei quam tenet vel super pecunia quam sibi solvit.

ja, man liess durch jedes Rechtsgeschäft den Handelnden von selber dem Interessenten zur Beurkundung sich verpflichten [3]).

Für die Anwendung der Beurkundungsklage auf obligatorische Rechtsverhältnisse bot der Theorie noch eine besondere Handhabe die l. 41 (in omnibus) D. de iud. (5, 1).

Hier hatte das römische Recht ein Surrogat positiver Feststellungsklagen geschaffen, indem es aus allen bonae fidei negotiis dem Gläubiger vor Fälligkeit einer sachlichen Leistung ex iusta causa einen Anspruch auf Leistung einer cautio gab.

Zwar erhob gegen die Glosse [4]), welche diese cautio richtig als nuda stipulatio verstand, die spätere Doktrin energischen Widerspruch; und es ist namentlich Bartolus, der, „ne sit vanum consilium huius legis", die Meinung vertheidigt, dass das Recht hier dem Gläubiger einen Anspruch auf satisdatio einräume. Bartolus ist jedoch keineswegs gewillt, dem Gläubiger den Anspruch auf nuda promissio zu entziehen, indem er ihm den Anspruch auf satisdatio unter schwierigeren Voraussetzungen verleiht. An anderer Stelle [5]) sagt er:

> „si vero (creditor) statim non potest agere tunc quandoque ad petendam cautionem competit actio — vel officium mercenarium deserviens actioni — quandoque ego peto istam cautionem mero iudicis officio et tunc cogitur praestare causa cognita — de iusta causae cognitione intellige supra de iudiciis (5, 1) l. in omnibus (41) prout intelligitur de nuda cautione."

Die spätere Doktrin hat denn auch diesen anscheinenden Widerspruch so vereinigt: der Gläubiger habe einen Anspruch auf satisdatio dann, wenn der Schuldner suspekt

---

3) Baldus ad l. sicut datam cit. — est ratio quia sicut non potest venire contra factum suum, ita non debet ius probationis occultari, quod de facili posset contingere, si instrumentum inde non fieret, istam rationem reddit textus — per istam rationem apparet quod — est quaedam regula generalis etc.

4) in omnibus bonae fidei] ad h. l.

5) ad l. finita (15) § eleganter (28) D. damn. inf. (39, 2) n. 5.

werde; zur Liquidstellung seiner Forderung aber könne er auch ohnedies nuda promissio verlangen[6]).

Für den wahren Sinn der römischrechtlichen Klage auf stipulatio [7]) aber mangelt der italienischen Doktrin das Verständniss. Sie legt einseitig allen Nachdruck auf die Beurkundung des Versprechens, die cautio ist ihr in erster Linie beurkundetes Versprechen, der Anspruch auf cautio wird Mittel der Beweissicherung; „est utilis (cautio), quia (creditor) habebit instrumentum et habebit probationes, ideo petitur ut caveat" [8]); caveri und instrumentum fieri wird gleichbedeutend [9]). Als Beweissicherungsmittel kann natürlich der Anspruch auf cautio nicht auf die bonae fidei actiones beschränkt bleiben, diese Beschränkung hat jetzt keinen Sinn mehr [10]): es soll jeder Gläubiger als solcher die Beurkundung seiner Forderung vom Schuldner verlangen können. Ein Anspruch auf Beurkundung hat nothwendig auch andere Voraussetzungen, als ein Anspruch auf stipulatio. Die Voraussetzung der Beweissicherung ist die Beweisgefahr; an diese Voraussetzung legte man aber durchaus keinen strengen Maassstab an; denn die einzige Voraussetzung des Beurkundungsanspruches scheint die zu sein — dass die Forderung noch nicht fällig — und nicht beurkundet ist [11]); sie ist eben deshalb sicherungsbedürftig.

6) Vgl. Alex. Tartagnus ad l. finita § eleganter D. damn. inf. (39, 2), welcher weitere Belege hierzu gibt.

7) Regelsberger Rechtsgutachten i. S. des Jules Favre geg. Gotthardseisenbahngesellschaft S. 23 N. 27.

8) Bartolus ad l. 2 D. sol. mat. (24, 3).

9) Bartolus ad l. 15 § 28 D. damn. inf. (39, 2) n. 5 ubicunque actio differtur in casu mortis dico posse peti cavere seu instrumentum fieri propter dubium ut possit habere probationem. Auf diesem Standpunkt steht die ganze spätere Doktrin; vgl. die Commentatoren nach Bartolus zu den angeführten Stellen.

10) Bartolus ad 15, 28 D. (39, 2) cit. n. 2 und die Späteren ll. cc.; so z. B. Rafael Fulgosius ad l. in omnibus cit.: verius est etiam in stricti iuris iudiciis procedere legem istam

11) Bartolus ad l. 15, 28 D. damn. inf. scheint zwar als besondere Voraussetzung aufzustellen: quando timetur de morte vel absentia diuturna et cogitur pars adversa cavere; alias secus; aber

Zwar erhebt sich gegen diesen schrankenlosen Beurkundungsanspruch theoretischer Widerspruch mit starken Vernunftgründen[12]) — aber die Gewohnheit ist noch stärker. Nur bezüglich der Art der Beurkundung wird — wiewohl auch das nicht von Allen[13]) — eine Schranke zugestanden. Der Gläubiger hat einen Anspruch auf Urkunde. — aber nicht auf guarentigiirte Urkunde[14]). Dies die Beschränkung des Beurkundungsanspruches, aber auch ein Keim seines Untergangs. Es folgt nämlich daraus mit logischer Consequenz: in dem Maasse wie sich das Gebiet des Exekutivprocesses ausdehnt[15]), muss sich das des Beurkundungsanspruches zusammenziehen. Der Gläubiger hat auf eine guarentigiirte Urkunde deshalb keinen Anspruch, weil eine solche parata executio begründet; sowie sich die parata executio an jede öffentliche Urkunde knüpft, hat der Gläubiger auch keinen Anspruch auf eine öffentliche Urkunde mehr, und, sowie eine Privaturkunde parata executio zu begründen vermag, kann der Gläubiger auch keine Privaturkunde mehr verlangen. Die Doktrin nimmt keinen Anstand, diese Consequenz zu ziehen[16]).

---

nachher fährt er fort: ratio horum est, quia quando de morte vel absentia testium non timetur, habet actionem ordinariam, per quam sibi aeque consulitur; also überall, wo noch keine actio (und selbstverständlich keine Urkunde), da Beweisgefahr. Auch wird gleich darauf bemerkt: ubicumque autem actio differtur in casu mortis dico posse petere caveri seu instrumentum fieri. Dass auch die Beurkundung bedingter Forderungen verlangt werden könne, hebt hervor Paulus de Castro ad l. in omnibus cit.

12) Baldus ad l. sicut datam C. cit. alii dicunt quod nemo cogitur facere instrumentum quod ab initio facere non proposuit, sicut nemo cogitur confiteri contra se, item nec fundare originem petitionis adversarii contra se.

13) Z. B. nicht von Benedictus de Barzis de guarentigia pars I. quaestio 5. Tractatus universi iuris Venetiis 1581 S. 342.

14) Angelus de Ubaldis ad l. si pupillus 9 pr. D. de novationibus (46, 2). Ihm folgen die meisten Späteren ll. cc.; vgl. auch Felinus Sandeus ad c. 41 X de test. (2, 20).

15) Briegleb, Exekutivprocess S. 82.

16) Angelus de Ubaldis ad l. in omnibus cit. Jason ad l. 2 pr. sol. mat. (24, 3) n. 34 quando est statutum publicum, quod

Der Gläubiger hat an sich einen Anspruch auf öffentliche Beurkundung[17]); daraus folgt die Verpflichtung des Schuldners zur gerichtlichen Anerkennung der privaten Urkunde. Zur Construktion des Anerkennungsprocesses bedient man sich der richterlichen Befugniss zur Befragung der Parteien, „ubicumque aequitas moverit"; man construirt ihn als anticipirte interrogatio in iure[18]).

Den Anspruch auf Beurkundung, den man dem Gläubiger gewährt, kann man dem Schuldner nicht versagen. Schon das älteste Statutarrecht[19]) gibt dem Schuldner Klage auf Quittung gegen Zahlung; und auch wenn mit der condictio sine causa auf Rückgabe der Schuldurkunde geklagt ist, so kann der Gläubiger, ohne neue Klage, sofern er zur Rückgabe nicht im Stande ist, zur Ausstellung einer Quittung gezwungen werden[20]). Es kann

---

instrumentum habeat executionem paratam: isto casu debitor non cogitur facere instrumentum de debito.

17) Vgl. Barth. a Saliceto ad auth. si quis C. de testibus. Benedictus de Barzis l. c. I. 5.

18) Baldus ad Auth. contra qui propriam C. de non num. pec. (4, 30) Ludov. Romanus Cons. 337 n. 1. Die richterliche Fragbefugniss spielt bekanntlich auch in der Geschichte des Exekutivprocesses ihre grosse Rolle; s. Briegleb, Exekutivprocess S. 63.

19) Stat. Padovae XII. de cartis debitorum reddendis c. 569 a. 1236, neben dem Anspruch auf Rückgabe der Schuldurkunde; vgl. u. A. Stat. Cesenae R. quod creditor compellatur debitori reddere instrumentum. Stat. Bergomi III. 55. 56. Stat. Parmae II de creditoribus compellendis etc. R. Vgl. Durantis, spec. iud. II. 2 de instr. ed. 3, 9, add. Jo. Andreae ad v. credo].

20) Stat. Alessandriae v. 1297 (ed. Alessandr. 1547) lib. III. fol. 111 de reddendô instrumentum debitori si fuerit solutum R. Item statutum est, quod si aliquis debitor solverit aliquid debitum suo creditori et de solutione ipsius debiti non extiterit instrumentum, potestas teneatur praecise et sine tenore facere reddi et restitui instrumentum et condempnationem debiti illi debitori licet penes se creditor tenuerit, si debitor probare poterit per 5 testes bonae famae et bonae opinionis solutionem dicti debiti fuisse factam sine tenore et si creditor non attenderet det pr. bann. lib. 25. Et nichilominus teneatur facere instrumentum reddere debitori incisum et condempnationem vel instrumentum solutionis

auch auf Antrag des Zahlung behauptenden Schuldners der Richter dem Gläubiger eine peremtorische Frist zur Klage anberaumen[21]). Ausdrücklich findet sich der Zahlung jede Art der Satisfactio[22]) gleichgestellt. Und man gibt endlich dem Schuldner einen Anspruch auf Beurkundung jeder Art der Liberation[23]), jeder ihm zustehenden Einrede, „ita quod aequitas non dicat actionem apud actorem esse", jedes Einrede begründenden Vertrages, namentlich eines pactum de non petendo[24]).

Die Beurkundungsklage wird aufgefasst als eine imploratio des officium iudicis[25]); sie ist keine dem

---

eidem facere si instrumentum debiti et condempnationem non habuerit. Ebenso Petrus Jacobi, Practica. De condictione sine causa R. — Item periculosum est debitori formare libellum ad reddendum instrumentum obligationis quia forte creditor negabit se habere et non poterit convinci et sic succumbet debitor agendo condi. sine causa ad reddendum illud: et ideo crederem expedire quod debitor ad aeternam rei memoriam vocato creditore facit testes examinari per iudicem super solutione debiti cum non sit in potestate debitoris quando creditor agat ad contenta in dicto instrumento — vel quod iudex statuerit terminum creditori intra quem ageret, et postea non audiretur; quod potest fieri de iure ad requestam debitoris ut de hoc C. ut nemo invitus agere l. unica et ingen. man. l. diffamari et de remiss. pig. l. si eo tempore. Item probata solutione credo quod creditor cogatur concedere instrumentum quitationis seu solutionis nisi reddat instrumentum obligationis arg. D. de lib. caus. l. sicut datam et quia debitori prodest et creditori non nocet.

21) Petrus Jacobi Practica cit.

22) Stat. Cesenae l. c. „quomodolibet satisfactum."

23) Bartolus ad l. si quis fundum D. locati (19, 2), dem die Späteren folgen; z. B. Rafael Fulgosius h. l.: quod tamen dicit in l. si quis agi posse ex conducto ut liberetur intelligitur secundum Bart. i. e. ut instrumentum liberationis fiat; nam ipso iure liberatus est quaesito dominio et resoluta condictio — quod habet rationem.

24) Bartolus ad l. 15, 28 D. (39, 2) cit. n. 3 und die Späteren h. l.; vgl. z. B. Alexander Tartagnus; s. auch N. 2.

25) Schon gl. cogitur] ad l. sicut datam (26) C. de lib. caus. (7, 16) officio iudicis vel condictione ex lege. Ebenso Odofredus

zu beurkundenden Rechtsverhältniss entspringende actio, sie ist ein Appell an die aequitas mit Bezug auf dies Rechtsverhältniss [26]). Hierin ist der Keim zur weiteren Entwickelung gelegen, welche uns später beschäftigen wird.

Ganz selbstverständlich, dass man mindestens in dem Umfang der Beurkundungsklage auch eine Klage auf Urkundenerneuerung gewähren musste [27]), wenn eine solche, sei es in Folge des Alters, sei es des Verlustes der Urkunde, nothwendig erschien; konnten ja eine Klage auf Urkundenerneuerung selbst diejenigen nicht versagen [28]), welche sich der schrankenlosen Ausdehnung des Beurkundungsanspruches widersetzten.

Es wurde bereits bemerkt, wie das italienische Statutarrecht im Anschluss an longobardische Rechtsanschauung zum Institut der selbständigen Urkundenverjährung gelangt war, und wie sich ein eigenthümlich geartetes gerichtliches Verfahren ausgebildet hatte, zu dem Zweck, durch Erneuerung der Urkunde unter Mitwirkung des Ausstellers den drohenden Beweisverlust abzuwenden [29]).

---

h. l.; gl. monumenta] ad 41 X (2, 20) cit. aliud consilium poterat habere ecclesia ista contra patronos ut faciant ei chartam libertatis sicut agitur de apocha facienda — aget ergo ecclesia officio iudicis.

26) Bartolus ad l. 15, 28 D. (39, 2) n. 5. Von den Späteren namentlich bestimmt Rafael Fulgosius ad l. dedi tibi (3) D. de cond. causa data (12, 4) n. 9. Licet non possum cogere te ad cautionem nec praecise per officium iudicis nobilis, causative per condictionem ob causam: possum tamen te compellere per officium iudicis ut mihi facias de negotio gesto instrumentum: novam ergo obligationem vel contractum non possum a te petere ut facias. — Tamen si nolles facere instrumentum ob hanc causam non haberem condictionem ob causam, quia illud quod facis instrumentum non descendit ex eo, quod gestum est, sed venit ex quadam aequitate officii iudicis extra id quod actum est tacite vel expresse.

27) Schon ad l. 47 D. de adm. et peric. (46, 7) gl. aut ad novationem] i. e. ad promissionem novam faciendam et sic no. quod si amisi instrumentum cogitur de novo debitor promittere; und die Postglossatoren h. l. Vgl. auch Stat. Ferrarae II. 125.

28) Baldus ad l. 26 C. (7, 16) cit.

29) Vgl. namentlich noch Stat. Cesenae De usu instrumento-

Ein analoges Verfahren wandte man nun auch im Fall des faktischen Verlustes von Notariatsurkunden an; dieses Verfahren stellt ausführlich Rolandinus Passagerii in seiner Summa artis notariae dar[30]).

Die Erneuerung der Urkunde durch den Notar kann nur auf Grund eines richterlichen Präceptums erfolgen. Zum Erlass desselben bedarf es vor Allem der Ladung des Schuldners. Erscheint dieser, und erhebt keinen Einspruch gegen die Urkundenerneuerung, so erlässt der Richter auf einen Calumnieneid des Gläubigers hin das Praeceptum. Bleibt der Schuldner aus, so hat der Gläubiger zu beschwören, dass oder wie weit er noch nicht für seine Forderung befriedigt sei, und es wird dann in contumaciam des Schuldners die Urkunde erneuert. Erscheint aber der Schuldner[31]) und bestreitet die Existenz der Forderung, so

---

rum R. Das gleiche Verfahren für die Urkundenexemplifikation: Formulare Notariorum sive Instrumentorum (Colon. 1495 fol. 175) de transsumptis. Stat. Ferrarae XII. 34.

30) Pars III. cap. 10 de exemplificationibus et refectionibus scripturarum, Rubr. Instrumentum praecepti vel commissionis reficiendi proprium instrumentum amissum. Vgl. Durantis spec. iud. II. 2 de instrum. ed. 3, 12 ff.

31) Rolandinus Passagerii l. c. Oppositio. Si debitor veniens negat se debitorem et refectioni instrumenti se opponit dicens simpliciter se solvisse, non tamen ostendens principale instrumentum debiti cancellatum penes se esse, statuet iudex ipsi debitori terminum, iuxta quem solutionem probet: quia si non probaverit recepto sacramento praedicto a dicto creditore praecipit et fit refectio instrumenti. Si vero probaverit solutionem, non fit refectio instrumenti. — Nota. Verum si debitor principale instrumentum debiti cancellatum penes se esse ostendat: sane incumbet onus probationis ei qui affirmativam proponet, quia per rerum naturam affirmantis non autem negantis aliqua est probatio. Si enim dicit debitor: ecce habeo instrumentum debiti cancellatum, quod quidem mihi redditum est et cum per redditionem chirografi tollatur obligatio naturalis sive a debito liberatur quod quidem negat creditor dicens instrumentum redditum non fuisse: iudex imponet ipsi debitori ut probet redditionem instrumenti. Si autem creditor dicat se perdidisse instrumentum et illud ad debitorem suum sine causa pervenisse imponetur probatio creditori ut probet se perdidisse.

geht das Verfahren in ein Feststellungsverfahren über; je nach Lage der Sache setzt der Richter dem Gläubiger oder dem Schuldner einen peremtorischen Beweistermin an; je nach dem Ausfall des Beweises erlässt oder verweigert er das Praeceptum [32]).

Die Klage auf Urkundenerneuerung benutzt man aber nicht bloss zum Zwecke der Beweissicherung, sondern auch zu dem Zwecke, ein irgendwie zweifelhaft gewordenes Rechtsverhältniss festzustellen [33]). So kann, wenn der Umfang einer Emphyteuse zweifelhaft ist, vermittels einer Klage auf Erneuerung der Beleihungsurkunde die Feststellung der streitigen Grenzen bewirkt werden [34]). Auch in negativer Feststellungsfunktion findet sich die Urkundenerneuerungsklage; es kann z. B. die Feststellung der Nichtigkeit einer Veräusserung in der Form beantragt werden, dass der Veräusserer die Mitwirkung des Erwerbers zur Wiederherstellung seiner Eigenthumsurkunde begehrt.

---

32) Ein Formular der erneuerten Urkunde s. bei Rolandinus Passagerii a. a. O., vgl. auch Joannes Bononiensis Summa notariae V. 4 (Rockinger, Quellen der Bayerischen Geschichte IX. 2 S. 700). Auch die übrigen Notariatsschriftsteller handeln von der Urkundenerneuerung; schon Rainerius Perusinus, s. v. Bethmann-Hollweg, Civilproc. VI. S. 171 nach Note 39; auch Salathiel: v. Bethmann-Hollweg a. a. O. S. 174. Vgl. auch Stat. Casalis (Mon. Hist. Patr. Legg.) p. 941.

33) Baldus ad Auth. si quis ruinas, de sacrosanctis ecclesiis (C. 1, 12) — Renovatio fit ex 4 causis: 1° ratione vetustatis, quia instrumentum emphyteusis est multum antiquum, unde debet renovari — 3° — fit renovatio ratione tollendae obscuritatis et probationis difficultatis, ut quia per instrumenta antiqua non apparent novi fines terrae, certe oportet innovari instrumentum, ut tollatur ambiguitas finium.

34) Paulus de Castro Consil. II. 319 n. 4. Praeterea ex requisitione, quam facit N. uxori suae, quod reficeret sibi instrumentum d. domus, apparet, quod donationem suam si quam fecerat revocabat; nec obest, — quod ex d. requisitione videbatur N. fateri se non habere ius vel dominium in rem, sed uxorem suam: quia hoc negatur, cum potuerit intelligi: quatenus de facto processum erat, cum etiam instrumentum nullum vel sententia petatur cassari vel cancellari.

§ 16. Publicatio testium.

Ein weiteres Beurkundungsmittel hat das italienische Recht in der publicatio testium geschaffen; wir sind derselben bereits in einer Urkunde vom Jahr 1169 begegnet; auch im Stadtrecht von Pisa a. d. J. 1164 findet sie sich bereits anerkannt [1]).

Die publicatio testium ist wesentlich verschieden von der Vernehmung der Zeugen wegen drohenden Verlustes derselben. Die Zeugenvernehmung wegen Verlustgefahr ist wesentlich Sicherungsmittel des Zeugenbeweises; die publicatio testium ist wesentlich Beurkundungsmittel. Die publicatio testium setzt keine Verlustgefahr voraus; in den Publikationsurkunden findet sich nur regelmässig die Angabe, dass über das zu beurkundende Rechtsverhältniss Streit bestehe, dass Klage befürchtet werde [2]). Das Zeugenprotokoll wird alsbald publicirt, nicht consignirt, wie bei der Zeugenvernehmung wegen Verlustgefahr; das Zeu-

---

1) Si usque ad XII. testes laici mihi quaesiti fuerint, etiam ante litem contestatam per publicamentum, si necesse fuerit, si invenero, ad testimonium venire et iurare faciam. Citirt bei Wach, Arrestprocess S. 189. Auch in späteren Stadtrechten wird sie ausdrücklich erwähnt. Statut. Cremonae c. 348. Casalis maioris R. de testibus qui recipiuntur ad aeternam rei memoriam.

2) Mit der oben citirten Urkunde (Mur. Ant. It. IV. 69) vgl. die Urk. Muratori Antiquit. Ital. IV. 576 a. 1205. „Cum — controversiam — pateretur Senensis civitas, dicentibus quibusdam — castellum (wird näher bezeichnet) non esse de Comm. Senensi sicque lis inde speraretur moveri — Senensis potestas — adivit locum — in quo — rectores eiusdem civitatis convenerunt. Cumque ibi coram eis testes inducere vellet et per eos ostenderet, quod dictum Castellum est et fuerit de Comm. Senensi predicto D. — nuntiari fecit, ut ad dictos testes audiendos interessent.“ Darauf Beeidigung und Abhör der Zeugen. Dann heisst es zum Schlusse: „supradictos testes, quos examinavi sequenti die publicavi. —“ Vgl. gl. publicatio] ad c. 5 X ut lite non contesta (2, 6): „Hoc tunc fit, quando aliquis timet quod sibi in posterum aliqua controversia moveatur: tunc potest petere a iudice ut testes qui interfuerunt negotio publicentur, i. e. eorum dicta redigantur in publicam formam ad aeternam rei memoriam.“ Ein Beispiel ist auch c. 41 X de testibus (2, 20).

genprotokoll wirkt alsdann, wenn nur die Interessenten zur Zeugenvernehmung gesetzlich geladen worden sind, diesen gegenüber in jedem künftigen Processe „tanquam authenticum instrumentum"; nicht ist, wie bei der Zeugenvernehmung wegen Verlustgefahr, nöthig, dass innerhalb eines Jahres Klage oder Anzeige an den Gegner erfolge.

Gegen den Inhalt des Zeugenprotokolles sind natürlich im Process alle Einwendungen zulässig; Einreden gegen die Person der Zeugen will jedoch eine Meinung ausgeschlossen wissen [3]). Die publicatio testium kann ebensowohl in Beziehung auf Contrakte wie auf dingliche Rechtsverhältnisse beantragt werden. Sie ist aber nur ein Sicherungsmittel der Defensive; in Bezug auf dingliche Rechtsverhältnisse wird sie nur dem Besitzer verstattet, und auch diesem nur sofern ihm keine „actio ordinaria" zu Gebote steht; dagegen concurrirt sie mit den übrigen Sicherungsmitteln, namentlich mit der Beurkundungsklage [4]).

Die publicatio testium hat ihren Ursprung weder im römischen noch im kanonischen Recht; auf sie bezieht man gar nicht den bekannten Glossatorenstreit [5]), ob die Zeu-

3) Sie wird von Vincentius vertreten; s. gl. testes idoneos] ad c. 41 X de testibus (2, 20); Bernardus verwirft sie.

4) Die Belege zum Vorstehenden finden sich ausser den anderen bereits angeführten Stellen namentlich in der Glosse testes idoneos] und den Commentaren (namentlich des Innocentius IV. und Hostiensis) ad c. 41 X (2, 20) cit.

5) Wetzell, System § 24, Note 32. gl. ad definitivam sententiam] ad c. 1 X ut lite non contestata (2, 6). Die Ansicht, dass eine Verlustgefahr erforderlich sei, knüpft an l. 40 ad leg. Aq. (9, 2); vgl. gl. debeam vincere] 3ª positio h. l. In Nov. 90 c. 9 handelt es sich um den Beweis eines Schadens und ist Antrag des künftigen Klägers vorausgesetzt; das „publicantur" der Stelle erklärt auch eine Meinung nur mit „publica manu conscribuntur", eine andere freilich mit „in publica monumenta reducuntur"; namentlich Azo spricht aus, dass in Nov. 90 c. 9 der Fall nicht der publicatio, sondern der consignatio des Zeugenprotokolls vorausgesetzt sei; vgl. gl. testes idoneos] cit.; übrigens entspricht auch dem griechischen Texte gar nicht das „publicantur" der Uebersetzung; der Text hat καίτοι δημοσιεύων mit Bezug auf den Gegner, was in den Basiliken ganz fehlt; vgl. Kriegel, ed. 1872 p. 418 n. 3.

genvernehmung vor der Litis Contestatio Verlustgefahr voraussetze oder nicht, und die Entscheidung dieses Streites durch Innocenz III. lässt sie ganz unberührt; c. 5 ut lit. non contest. (2, 6) nimmt sie ausdrücklich aus [6]). Gerade sie heisst technisch probatio in perpetuam rei memoriam [7]), und es lässt folglich das kanonische Recht eine Beweisaufnahme zum ewigen Gedächtniss ohne die Voraussetzung einer Verlustgefahr zu [8]). Vielleicht hat die publicatio testium sich aus der inquisitio entwickelt; wir sahen, wie dieselbe in späterer Zeit auf Antrag des Besitzers, auch ohne bestimmten Gegner, erfolgen kann, und ohne zu einem Urtheil zu führen [9]).

§ 17. Provokationsverfahren im Statutarrecht.

Das Erbieten zur Vertheidigung konnte sich nicht bloss gegen einen bestimmten Gegner, sondern gegen Alle wenden, welche auf ein gewisses Grundstück einen Anspruch zu haben glaubten, es konnte öffentliche Aufforderung zur Klage, gerichtet an alle Gemeindegenossen, sein. Nachdem die Gerichte sich in die Hallen der städtischen Curien zurückgezogen, und die Gerichtsversammlung aufgehört hatte, Gemeindeversammlung zu sein, musste sich diese öffentliche Aufforderung nothwendig aus einer gerichtlichen in eine aussergerichtliche verwandeln. So entwickeln sich jene cridae, stridae, banna, bannimenta, proclamationes, und wie sie sonst heissen mögen, deren sich das italienische Statutarrecht zu den manichfachsten

6) § 3: „Sunt et alii casus similes speciales in quibus absque litis contestatione legitime possunt testes produci ut quando excessuum inquisitio vel testium publicatio imminet facienda."

7) Vgl. z. B. Durantis, spec. iud. I. 4 de teste 2, 1 I^us, II^us mit VI^us casus. Add. Baldi eod. n. 5 ad v. alios] und ver. XVIII].

8) Dies bestreitet daher mit Unrecht Wetzell, System § 24 zu Note 32. Der Ansicht Gesterding's, welche hier berichtet und für unberechtigt erklärt wird, liesse sich eine grosse Menge von Citaten zur Seite stellen. Vgl. z. B. Lanfrancus de Oriano, Pract. De depositionibus testium R. n. 47. 48; von älteren deutschen Schriftstellern z. B. Chilian König, Pract. c. 85 n. 2—4.

9) S. oben S. 26 N. 7.

Zwecken bedient. Verbunden mit der Veräusserung unbeweglicher Sachen, werden sie ein vorzügliches Sicherungsmittel des Immobilarverkehrs, und finden sich als solche wohl in den meisten Stadtrechten erwähnt [1]. Die ältesten Statuten, welche sie in dieser Anwendung ausführlich darstellen, sind m. W. die von Venedig a. d. J. 1242, und da gerade sie in den für uns wesentlichen Punkten sich ganz ausdrücklich als codificirtes Gewohnheitsrecht bezeichnen, so sollen sie der nachfolgenden Darstellung ausschliesslich zu Grunde gelegt werden.

Wer ein Grundstück zu verkaufen beabsichtigt, hat dies mit Bewilligung der Iudices Examinatores durch den städtischen Ausrufer öffentlich bekannt machen zu lassen [2]. Etwaige Vorkaufsrechte können nur innerhalb 30 Tagen nach dem ersten Ausruf geltend gemacht werden [3]. Nach Vollzug des Verkaufes hat der Käufer das Grundstück in Besitz zu nehmen, „debeat possessionem investire; et talis investitio", heisst es weiter, „stare debeat a Festo Sancti Petri usque ad Kalendas Augusti et a Kalendis Augusti usque ad unum annum." Wir sehen hier die germanische Frist von 1 Jahr 6 Wochen 3 Tagen in eine etwas abgekürzte Frist von 1 Jahr 5 Wochen mit festem Anfangspunkt verwandelt [4]. Binnen 30 Tagen nach der Investitur muss ein zweitmaliger öffentlicher Ausruf erfolgen [5]. Innerhalb der Frist von Jahr und Tag:

> „Si aliquis — clamorem voluerit per debitum, aut per aliquas alias rationes super huiusmodi investitione — Clamor ei detur secundum Consuetudinem Terrae [6]."

Nach Ablauf der Frist:

> „Si investitio posita quieta fuerit, Iudices procedere debeant ad dandum Proprium et nulli dari debeat Clamor super proprium [7]."

---

1) Ich führe z. B. an die von Venedig, Mailand, Bergamo, Pavia (Jason ad l. si is qui pro emtore (15) D. de usuc. 41, 3), Brescia, Parma, Ferrara.

2) III. 10. — 3) III. 10. 11 a. E. — 4) III. 15. — 5) III. 63. 6) III. 13. — 7) III. 15.

Nur Abwesenheit ausser venetianischem Gebiet entschuldigt [8]).

Der Clamor wird erbeten [9]) und ertheilt, „datur" [10]), und zwar von den Iudices Examinatores. Mit der Bitte um den Clamor ist das Grundstück genau zu bezeichnen, in Bezug auf welches der Clamor erbeten wird [11]), und ist der Grund des Clamor speciell anzugeben [12]); wird als Grund Eigenthum angegeben, so ist dasselbe den Iudices Examinatores durch Zeugen oder Urkunden glaubhaft zu machen; die Iudices Examinatores können aber den Clamor schon auf die Ueberzeugung hin verstatten, dass der Antrag nicht chikanös sei; sie können auch vorerst einen Calumnieneid verlangen, namentlich dann, wenn ihnen die vorgelegten Urkunden verdächtig scheinen [13]). Nur der ertheilte Clamor ist wirksam; wird er dem Bittenden nicht gewährt, „non postea placitet cum omni ratione sua; sicut enim Investitio non fit nisi cum Iudice, sic nec Clamor fiat nisi cum Iudice" [14]).

Erhoben kann der Clamor auch ohne Angabe eines speciellen Grundes werden, ausgenommen nur, wenn er in fremdem Namen erhoben wird; dann gilt er für alle möglichen Gründe erhoben [15]). Wird er zwar innerhalb der Frist von Jahr und Tag, aber erst nach Ablauf von 30 Tagen nach der Investitur erhoben, so muss der Clamans „secundum Veterem Usum" [16]) schwören, dass er binnen 30 Tagen nach erlangter Kenntniss von der Investitur den Clamor erhoben habe; doch kann ihm der Eid durch Zeugniss verlegt werden [17]).

Der Clamor ist nicht Klage [18]); die Klage heisst technisch querela [19]); der Ausdruck „clamor" findet sich in den venetianischen Statuten noch ausserdem für einen der operis novi nuntiatio entsprechenden Akt [20]). Clamor

---

8) III. 11. 15. — 9) III. 55. — 10) III. 45. 49. vgl. 32. — 11) III. 49. — 12) III. 45. — 13) III. 44. — 14) III. 45. — 15) III. 62.

16) Vgl. Wach, Arrestprocess S. 179. Anm. 32. S. 186 u. 187.

17) III. 51.

18) Vgl. auch III. 45 cit.

19) Vgl. I. 45. 47.

20) II. 5. 6. III. 57. VI. 43.

ist die ausserprocessuale Protestation eines Rechtes; er ist nicht selbst ein processualer Akt, er hält nur den Weg zum Processe offen. Nicht das Wort Clamor findet sich zwar in den späteren Stadtrechten, aber die Sache; die Generalprovokation beim Immobiliarverkauf ist in keinem Stadtrecht, das ich kenne, Provokation zur Klage im formalen Sinne. Die italienische Jurisprudenz hat das auch klar erkannt; sie zieht daraus den wichtigen Schluss, dass die Generalprovokation auch bedingte und befristete Rechte betreffe [21].

Wir kehren zu dem Verfahren der venetianischen Statuten zurück. Nach Erhebung des Clamor muss sowohl der Clamans als der Investirte ein Jahr lang sich in venetianischem Gebiete aufhalten oder einen Vertreter daselbst bestellen [22]. Sowohl von dem Clamans wie von dem Investirten, wie auch endlich vom Verkäufer kann die Initiative zum Process über den Clamor ausgehen; in der Beklagtenrolle scheint jedoch überall nur entweder der Clamans oder der Investirte gedacht zu werden [23]. Der Process selbst gehört nicht mehr zur Competenz der Iudices Examinatores, sondern zur Competenz der Iudices de Proprio [24]. Der Clamor berechtigt zwar den Käufer wie den Verkäufer vom Verkauf zurückzutreten [25]; wollen sie das aber nicht, so muss auf Verlangen des Käufers der Verkäufer eidlich geloben, dass er sich redlich bemühen werde, die erhobenen Clamores zu „ledigen“ [26]; thut er es nicht, so kann es der Käufer.

Das Contumacialverfahren vor der Litis Contestatio ist auch im ordentlichen Process [27] der venetianischen

---

21) Rafael Cumanus ad l. si stipulatus fuerim § cum stipulamur (76, 1) D. de verb. obligat. (45, 1) n. 4. Jason ad c. l. n. 3.

22) I. 16. III. 13.

23) Vgl. auch III. 53.

24) Prattica del Palazzo Veneto c. II. a. E.

25) III. 14.

26) „evacuare“ III. 15.

27) Ueber den „summarischen“ s. Wach, Arrestprocess S. 186 u. 187; vgl. 185.

Statuten das eremodicium; es tritt auch dann ein, wenn der Beklagte zwar erscheint, aber die Einlassung mit Unrecht weigert [28]). Es ist ausdrücklich auch für den Process über den Clamor vorgeschrieben; hier tritt es aber nicht wie sonst erst auf zweimalige [29]), sondern schon auf einmalige Ladung [30]) des Beklagten ein. Ist der Clamans Beklagter, so kann er auch nicht die viertägige Dilation zur Annahme eines Advokaten [31]) beanspruchen, muss dafür aber ausnahmsweise unter Angabe des Grundes geladen werden [32]). Ist der Clamans oder der Investirte in venetianischem Gebiete weder selbst anwesend noch vertreten, dann, auf Antrag des Gegners, „stridentur per praeconem auctoritate iudicum" [33]), und, wird mit Bezug auf den Clamans später [34]) ausdrücklich hinzugefügt:

„procedant Iudices sicut proclamans praesens esset"; das bedeutet: der Clamans wird mit seinem Anspruch ausgeschlossen; denn, ist er formell auch Beklagter, materiell ist er stets Kläger.

Also: der Clamor ist nicht Klage, aber er verpflichtet zum Process; von ihm gilt, was vom „Gerüchte" gilt, dass er „der Klage Beginn" [35]) ist. Auch ist Clamor nichts anderes als die wörtliche Uebersetzung des deutschen „Gerüchte"; der „Clamor secundum consuetudinem Terrae" [36]) ist genau der „Clamor more Patriae", womit die Constitutio Pacis Henrici IV. [37]) das „Gerüchte" bezeichnet.

Die spätere Entwickelung des Statutarrechts geht dahin, die Frist zur Protestation gleich auch zum Beweise des Rechtes zu bestimmen [38]).

---

28) I. 6. 10; die in I. 6 erwähnte missio in bona ist missio zur Exekution des rechtskräftigen Urtheils; vgl. I. 66. III. 9. VI. 19, wie nach den bei Wach, Arrestprocess S. 161 N. 22 citirten Statuten.

29) I. 6. — 30) I. 7. — 31) I. 6. — 32) I. 14. — 33) I. 16. — 34) III. 13.

35) Ssp. I. 62, 1.

36) III. 13 cit.

37) Pertz, Monum. Germ. Legg. II. S. 55.

38) Ad dandum in scriptis, probandum et probatum habendum; so alle angeführten späteren Statuten. Uebrigens erwähnen die späteren Stadtrechte zum Theil die Generalprovokation aus-

Die Generalprovokation kann auch selbständig auftreten, sie kann auch ohne Veranlassung eines Verkaufsgeschäftes zur Klarstellung bestehender Grundeigenthumsverhältnisse, „ad assecurandum", benutzt werden [39]).

In der Doktrin wird sie namentlich noch als Mittel erwähnt, die Herrnlosigkeit eines Gutes festzustellen [40]).

Ein ganz eigenthümliches auch zur Sicherstellung von Grundeigenthumsverhältnissen benutztes Institut hat sich in Ferrara ausgebildet. Es ist eine seltsame Mischung des Provokationsgedankens mit dem Gedanken der selbständigen Urkundenverjährung. In den Statuten von Ferrara wird es folgender Maassen dargestellt [41]):

„Si quis coram potestate vel alio iudice civitatis proposuerit: siquid debeo huic, de quo habet seu habere dicit scripturam publicam vel privatam, pro qua illi in aliquo teneor, paratus sum solvere: potestas seu iudices ipsi teneantur illi praecipere, quod ostendat dictum instrumentum infra unum mensem, illo petente et iurante quod non calumniae causa petit, infra quem si non ostenderit, ulterius ex ea agere non possit. Si vero aliquis, qui possideat res aliquas immobiles proposuerit coram dictis potestate vel iudice et dixerit se timere quod aliquis alius habeat scripturam aliquam publicam vel privatam de dictis rebus vel de aliquo iure sibi in eis competente, cuius occasione velit, aut possit eum aliquo alio tempore convenire vel inquietare, ipso sic proponente iu-

---

drücklich nur mit Bezug auf Hypothekenansprüche; es wird dann regelmässig bestimmt, dass die Kaufsumme deponirt, und darüber wie über die Sache selbst processirt werden solle; so z. B. Stat. Cremonae c. 419; Parmae de ordine alienationum R.; die Letzteren bestimmen sogar ausdrücklich, dass der Verkäufer in perpetuum eviktionspflichtig sein solle, scheinen also auf Eigenthumsrechte die Generalprovokation nicht zu beziehen. Ausdrücklich wird dieselbe auch auf Eigenthumsrechte bezogen z. B. noch in Stat. Brixiae II. c. 183 § 9.

39) Stat. Bergomi III. 14.

40) Ad l. 15 D. de acquir. poss. (41, 2); vgl. Bartolus n. 4. Jason n. 28. 38.

41) I. 31.

rante quod non animo calumniandi, sed bona fide id petat, teneatur potestas seu iudex praecipere illi, de quo timuerit, ut ostendat instrumenta, quae habet de dictis rebus vel de iure suo, infra tres menses, infra quos si non ostenderit, ex dicta scriptura contra dictum possessorem vel eius heredem vel alium ab eo vel ab heredibus eius causam habentem agere non possit, sed omnino inutilis sit et cassa: nisi ille, de quo timuerit in omnibus praedictis casibus iuraverit se tunc non habere facultatem exhibendi aut ostendendi, nec dolo desiisse habere, nec scire ubi sit, vel quis fuerit de ea rogatus."

§ 18. Provokationen des kanonischen Rechts.

Die Generalprovokationen des Statutarrechts sind für das kanonische Recht das Vorbild der Aufgebote gewesen, welche den Eheschliessungen[1]), der Confirmation kirchlicher Wahlen vorauszugehen pflegen.

Der Wahlconfirmation können auch Specialprovokationen „ad opponendum" vorausgehen[2]).

Auch hier gilt: das opponere kann zwar auch in Form des agere erfolgen, aber es ist nicht agere; es ist ebenso möglich, dass der Gewählte gegen den Opponens auf Anerkennung der Gültigkeit[3]), wie dass der Opponens gegen den Gewählten auf Cassation der Wahl klage[4]).

---

1) Auch hier banna genannt; s. Wetzell, System ed. III. S. 99. N. 7.

2) Durantis, spec. iud. II. 1 de citatione 4, 19: „— potes etiam nominatim quos volueris citare ut compareant ad opponendum se Titio — et nisi comparuerint praeiudicatur iis." Vgl. gl. repellendus] ad c. 6 X qui mat. acc. poss. (4, 18) gl. peremtorio] ad c. 47 in VI° de elect. (1, 6).

3) Vgl. Gratia de ord. iud. II. 3, 2, und namentlich Durantis spec. iud. IV. 1 de elect. 1, 48.

4) Bonaguida, sup. off. adv. II. 4. (Wunderlich S. 177.) Durantis, spec. iud. IV. 1 de elect. 1, 57 de consuetud. 1, 1. Es ist auch möglich, dass auf Anerkennung und Confirmation der eigenen und zugleich auf Cassation einer Gegenwahl geklagt wird; vgl. Durantis, spec. iud. IV 1 de elect. 1, 49.

Für den Process über die Gültigkeit der Wahl hat sich aber wiederum ein präklusivisches Contumacialverfahren entwickelt: dem Beklagten kann eine präklusivische Frist zur Begründung seines Widerspruchs auf Antrag des Klägers anberaumt werden [5]).

§ 19. Rechtsstreit unter Anspruchsprätendenten.

Ein processuales Analogon haben die Provokationen in der eigenthümlichen Weise, in welcher die kanonische Praxis die Streitverkündigung verwendet. Nach kanonischer, wie nach deutschrechtlicher Vorstellung ist der Process nicht lediglich Mittel der Anspruchsdurchsetzung. Er soll auch dazu dienen, das streitige Rechtsverhältniss unter allen Interessenten festzustellen. Diese Vorstellung findet sich deutlich ausgeprägt in einem Complexe von Zeugnissen [1]) über die kanonische Processpraxis, welche Durantis aus den Werken des Innocentius IV. und des Bernardus Compostella [2]) in sein Speculum aufgenommen hat. Sie betreffen die kanonische Processpraxis in Beneficialsachen, und sie werden durch unmittelbare Ueberlieferungen vollauf bestätigt; sie sind, namentlich für die Geschichte der sogen. Principalintervention [3]), von entschiedener Bedeutung. Indem ich mir weitere Ausführungen vorbehalte, beschränke ich mich hier darauf, kurz ihren Inhalt darzustellen.

Zwei Personen sind vom Papst auf dasselbe Beneficium angewiesen. Das Kapitel ist nur Einen aufzunehmen

---

5) Durantis, spec. iud. II. 1 de sec. decr. 4, 12; die Stelle ist nach Jo. Andreae wörtlich dem Ubertus de Bobio entnommen: „si electus litigat de sua electione et contumax est universitas — dic — quod iudex statuat illis terminum trium mensium vel plus vel minus intra quem ostendant de iure suo quidquid possunt.“ Dies gelte sowohl mit Bezug auf weltliche wie auf kirchliche Wahlen.

1) Durantis, spec. iud. II. 1 de actione seu petitione § 4 (super). De actionibus seu petitionibus canonice tract.

2) Nach Jo. Andreae; nämlich Comment. ad c. mandatum (38) X de rescriptis (1, 3).

3) Sowie auch der reichskammergerichtlichen Adcitation.

verpflichtet. Da es zweifelhaft ist, wer von Beiden der Berechtigte ist, so nimmt das Kapitel Keinen auf [4]). Die Prätendenten erheben Klage gegen das Kapitel; wie sichert sich dieses nun im Falle des Unterliegens gegen den Anspruch des anderen Prätendenten? Das römische Recht gewährt für solchen Fall bekanntlich dem Beklagten gegen den siegreichen Kläger einen Anspruch auf cautio defensum iri. Die kanonische Praxis gibt ausserdem auch dem Beklagten die Befugniss, dem dritten Prätendenten den Streit zu verkündigen, mit der Wirkung, dass, er mag dem Streite beitreten oder nicht, ihm das dem Kläger günstige Urtheil präjudicirt [5]).

Dieselbe Befugniss aber, und das ist das eigentlich Charakteristische, gesteht man auch dem Kläger [6]) zu; auch dem Kläger gestattet man, zu seiner Sicherung dritte Prätendenten zum Streite beizuladen, und es wird dadurch das Urtheil, sie mögen erscheinen oder nicht, auch ihnen gegenüber wirksam, wie gegenüber allen Anwesenden.

Es können nun aber die Prätendenten nicht allein gegen das Kapitel, sondern auch gegen einander klagen [7]). Diese letztere Klage war freilich aus dem römischen Recht nicht zu begründen. Keiner der Prätendenten ist im Besitze des Beneficiums, obligatorisch sind sie einander auch nicht verpflichtet. Aber der deutsche Rechtsgedanke überwindet das theoretische Bedenken. Keiner der Prätendenten entzieht zwar dem anderen den Besitz dadurch, dass er selber ihn hat; aber jeder hindert den anderen an der Erlangung des Besitzes dadurch, dass er ihn selber für sich begehrt. Die Prätendenten „hindern“ einander; dies Hindern ist geeignet, imploratio iudicis zu begründen. Es ist aber dies Hindern nicht als faktisches Hindern zu verstehen, so wenig wie in dem entsprechenden Falle des deutschen Rechtes. Der Kläger braucht keine faktische Hin-

4) Innocentius IV., l. c. ad v. prosequi].

5) Durantis, l. c. n. 1.

6) Durantis, l. c. n. 14 „coram executore,“ vgl. mit n. 3.

7) Durantis, l. c. n. 4.

derung, er braucht nur sein Recht nachzuweisen, um gegen den Mitprätendenten ein siegreiches Urtheil zu erstreiten: dieser „hindert" ihn schon dadurch, dass er sein, des Klägers, Recht bestreitet, ein eigenes behauptet — dass er Litem contestirt[8]).

In diesen Fällen handelte es sich um ein ius ad beneficium; aber auch der in beneficio dinglich Berechtigte kann sein Recht nicht allein gegenüber dem Kapitel, sondern ebenso auch gegenüber jedem dritten Prätendenten, auch dem Nichtbesitzer gegenüber geltend machen[9]); hat er auch gegen den Nichtbesitzer keine actio, so kann er doch das officium iudicis gegen ihn anrufen.

Auf Grund dieser Anschauung erwächst im kanonischen Process die deutschrechtliche Principalintervention; entsteht der deutschrechtliche Fall, dass keiner der streitenden Theile „die Gewere" hat[10]); und da die kanonische Praxis den Streit mehrerer Prätendenten vor einen Richter zu verweisen pflegt[11]), so ist auch die weitere Complikation gegeben, dass mehr als zwei Parteien in demselben Process um dieselbe Sache streiten:

„Tres veniunt ad causam beneficialem"[12]).

„Tribus contendentibus super quodam beneficio"[13]) etc.

„Si tres vel plures contendunt de eodem beneficio" mit diesen Worten fand sich die gleiche Processfigur auch im longobardischen Lehnrecht[14]) anerkannt; und an den unmittelbar vorhergehenden Paragraphen „Si duo" sehen wir

---

8) Durantis, l. c. n. 6.

9) Durantis, l. c. n. 5.

10) In Bezug auf Patronatrechte vgl. denselben Fall bei Roffredus, lib. sup. iur. pontif. Pars V. §. nunc n. 11; aut uterque est in possessione vel quasi iuris patronatus aut neuter aut alter; vgl. Durantis, spec. iud. IV. 3 de iure patron. 1, 7 u. 8.

11) Durantis, l. c. n. 15.

12) Decis. Rotae Romanae antiquiores, de iudiciis dec. 4 (Kölner Ausgabe v. 1581 S. 581).

13) Decis. Rotae Rom. per r. patrem Th. Fastoli in unum redactae (ed. laud.) Causa 30 Dubium 57.

14) § 8 F. de pace tenenda (2, 27).

später den Baldus die deutsch-kanonisch-rechtliche[15]) Principalintervention anknüpfen:

„Contendunt] scil. contra tertium possessorem — Quando unus petitor infringit competitorem, obiiciendo se sibi, pro neutro potest ferri sententia, nisi iure utriusque discusso: secus si inter se non litigarent, sed solum contra tertium possessorem; de rei vind. l. is a quo [57 D. (6, 1)].“

Auf diesem Satze des Baldus, welchen Alexander Tartagnus in seine Zusätze zu des Bartolus Commentar aufgenommen hatte, beruht die spätere Entwickelung der Principalintervention; sie wird aber durchkreuzt von einer anderen Strömung, welche von der accessorischen Intervention des römischen Rechts ihren Ausgang nimmt. Der Kampf dieser beiden Strömungen ist die Geschichte der Principalintervention in Italien [16]).

§ 20. Die Extrajudicialappellation als Feststellungsmittel.

Mit dem Erbieten zur Vertheidigung verband sich im longobardischen Italien, wie bemerkt wurde, in späterer Zeit regelmässig die Erbittung des Königsbannes, die Unterwerfung unter den speciellen Schutz des Königs. Wir begegnen der analogen Verbindung auf dem Gebiete des kanonischen Rechts.

Im Reiche der Kirche ist der Papst der Hort des Friedens und der Gerechtigkeit, und das allgemeine Mittel, seinen speciellen Schutz zu erwirken, ist die Appellation.

Als appellatio iudicialis vermag sie gleich der reclamatio ad regis definitivam sententiam zu wirken; als ex-

---

15) Bei dem Einfluss, welchen bekanntlich das Lehnrecht auf das kanonische Beneficialwesen gehabt hat, wäre es nicht unmöglich, dass gerade auch das eben betrachtete kanonische Institut speciell dem Lehnsprocess von vornherein entlehnt gewesen wäre.

16) Was die gewöhnlich für die Principalintervention angeführten Stellen betrifft, so will ich nur bemerken, dass ich mich dem Widerspruche Wach's, Arrestprocess S. 212 ff. anschliesse.

traiudicialis [1]) dient sie zum Schutze gegen Beschwerde, nicht bloss Seitens des Richters, sondern auch Seitens eines Privaten [2]), und nicht bloss gegen bereits eingetretene, sondern auch gegen künftige [3]), drohende Beschwerde. „Appellare“, wenigstens „extra iudicium appellare“ und „se protectioni papae supponere“ ist gleichbedeutend [4]), beide Ausdrücke werden für einander gebraucht, auch wohl mit einander cumulirt [5]).

So ist es denn die Extrajudicialappellation, welche sich im kanonischen Rechte mit dem Erbieten zur Vertheidigung verbindet.

Gegen künftige Rechtsverletzung ruft der Bedrohte den Schutz des Papstes an, indem er sich zugleich dem Gegner zur Vertheidigung erbietet [6]).

---

1) C. 5 X de appell. (2, 28).

2) C. 51 X de appell. (2, 28) gl. extraiudicialibus] ad c. 8 in VI° (2, 15): a quibuslibet actibus extraiudicialibus sive fiant a iudice sive a privato.

3) Gl. bonae] ad 51 X de app. (2, 28): Nota quod extra iudicium potest appellari et a futuro gravamine.

4) In den Quellen findet sich nur an einer Stelle m. W. der Ausdruck „supponere se sub protectione papae“; nämlich in c. 34 (ad audientiam) X de appell. (2, 28); vgl. hierzu: gl. ad audientiam] idem est supponere se sub protectione papae sicut appellare ad ipsum ut hic patet; sed hoc intellige extra iudicium. Innocentius IV.: melius dicitur quod per omnia aequiparantur appellatio et suppositio protectioni. Hostiensis apparatus: Sicut olim poterat appellari et ante iudicium et post: ita et protectioni papae poterat se supponi. Vgl. Jo. Andreae.

5) Hostiensis apparatus ad c. dilectis (55) de appell. (2, 28): Hanc — appellationem facit episcopus supponendo se protectioni ipsius ut praemisit vel utrumque expressit sicut est consuetudo. Vgl. Formulare advoc. cur. Rom., appellationes variae diversarum formarum, appellatio a collatione praelati successoris et a non confirmatione collationum praelati praedecessoris a. E.

6) Hostiensis apparatus ad c. bonae memoriae (51) X de appell. (2, 28) v. de possessione] — et causa appellationis nulla alia erat nisi haec: non molestetis me super custodia ecclesiae, nec enim hoc debetis facere, quia ego sum in pacifica possessione ipsius et paratus sum stare iuri; ad c. dilectis (55) X eod. v. appellavit] primo offerens decano quod ei super captione presbyteri paratus

So benutzt sie namentlich der Besitzer gegen drohende Besitzstörung [7]). Sie hat die Wirkung, dass jede nach ihrer Erhebung vom Gegner unternommene Aenderung des thatsächlichen Zustandes sofort und ohne Weiteres auf Antrag des Appellanten mit Hülfe des Richters rückgängig gemacht werden muss; sobald die Appellation erhoben ist, tritt der Satz in Wirksamkeit: Ut pendente lite nil innovetur [8]).

Denn die Extrajudicialappellation ist Einleitung des Processes [9]), sie ist provocatio ad causam [10]), sie hat vim citationis [11]). Sie ist nur uneigentlich Appellation [12]).

Sie ist provocatio ad causam; sie verpflichtet den Gegner zur Einlassung; vom Erbieten zur Vertheidigung gelangt mit ihrer Hülfe die Partei zur processualen Vertheidigung und zur Feststellung ihres Rechtes oder des Nichtrechtes des Gegners; sei es vor dem Papste selbst [13]), sei es, vermittels eines päpstlichen Reskriptes [14]), vor einem

---

erat facere rationem; vgl. Jo. Andreae zu diesen Stellen und die unten mitgetheilten Formeln.

7) C. 51 (bonae memoriae) X de appell. (2, 28) und hierzu und zu c. dilecti X de maioritate et obedientia die Commentatoren. Hostiensis Summa an der in der folgenden Note citirten Stelle; zum c. dilecti cit. wird z. B. angemerkt: Est hic magna relevatio, quod in interdicto necesse habet agens probare se possedisse et spoliatum esse, sed quando sic appellat sufficit quod probet statum solummodo in quo erat tempore appellationis. (Jo. Andreae.)

8) Hostiensis Summa, Forma appellationis extra iudicium factae contra illum, de quo timetur, ne dicat sibi ius vel alias iniurietur. Rubricella.

9) Innocentius IV. ad c. cum sit Romana (5) X de appell. (2, 28) — quia tunc fit inceptio causae; nach ihm die Späteren.

10) C. cum sit Romana (5) X de appellat. (2, 28): „nec solent huiusmodi dici appellationes sed provocationes ad causam."

11) Phil. a Franchis ad c. 51 cit. n. 17.

12) Innocentius IV. ad c. 5 cit. proprie et stricto modo loquendi appellatio dicitur illa quae fit in iudicio, provocatio vero illa quae fit extra iudicium; ebenso die Späteren.

13) Hostiensis Summa l. c. „Ubi vero vult prosequi ius suum coram domino Papa." Form. adv. cur. Rom. cit.

14) Hostiensis Summa, Forma provocationis extra iudicium Rubricella. Form. adv. cur. Rom. Commissiones diversarum cau-

delegirten Richter. Der Gegner ist verpflichtet, ihr Folge zu leisten; auch wider dessen Willen kann der Appellant die begehrte Feststellung erzwingen [15]); denn für das Appellationsverfahren gilt im kanonischen Recht von jeher das eremodicium auch vor der Litis Contestatio [16]).

Die Extrajudicialappellation wird so im weitesten Umfang anwendbares Feststellungsmittel, dessen Voraussetzung nur ist ein futurum gravamen, eine verisimilis causa [17]), eine gegründete Furcht vor künftiger Rechtsverletzung („ne turbetur in iure suo") [18]).

Die Appellation wird als solche vor dem unteren Richter eingelegt; der Appellant kann den Gegner förmlich dazu laden und ihm jede störende Handlung durch den Richter ausdrücklich untersagen lassen [19]). „Ubi vero vult prosequi ius suum coram domino Papa, non fa-

---

sarum tit. 34. Commissio appellationis et requisition. et monit. ad solvendum pensionem annuam.

15) Hostiensis, Summa, Forma appell. cit. verweist bezüglich des Verfahrens auf die vorhergehende Rubrik: Forma appellationis extra iudicium factae ne fiat id quod de iure communi fieri non debet. Darnach haben innerhalb bestimmter Frist die Parteien vor dem Papst zu erscheinen; bleibt eine Partei aus, so soll noch eine bestimmte Frist gewartet und dann wie Rechtens vorgegangen werden; auch kann der Appellationsrichter von vornherein eine peremtorische Frist zur Durchführung des Verfahrens ansetzen; vgl. c. 5 (lator) X qui fil. sint legitimi (4, 17) und dazu gl. lator].

16) Vgl, Durantis, spec. iud. II. 3 de appellat. 10, 3. Sed qualiter se habebit iudex appellationis si altera pars se contumaciter absentat? Dic quod nihilominus in causa procedat et pronunciet; vgl. auch I 4 de teste 2, 1 VII.

17) Hostiensis, Summa, Forma appell. cit.; Panormitanus n. 7 u. A. ad c. 51 X de appell. (2, 28), wo bei Allen die Unterschiede der Extrajudicial- und Judicialappellation auseinandergesetzt werden. Bezüglich der Form vgl. Scaccia de appell. IV. 4. Wetzell, System § 58 Note 25.

18) Panormitanus ad c. 55 (dilectis) X de app. (2, 28).

19) Hostiensis, Summa, Form. appell. cit. „Et puto quod si potest habere copiam Iudicis debet coram eo hoc proponere et illum de quo timet potest facere citari et facere interdici per Iudicem, ne ipsum molestet in aliquo." Vgl. Scaccia de appellat. quaestio VI. n. 33 mit 42.

ciet citari, sed solum publicabit appellationem, quam facit coram iudice“[20]). Aposteln im eigentlichen Sinne können natürlich hier nicht erbeten werden, denn es ist keine erste Instanz vorausgegangen, und es wird nicht vom Richter, sondern von der Partei appellirt. Aber es sind sogen. apostoli testimoniales sive conventionales[21]) möglich, welche mit dem Siegel des Appellaten versehen sein und ergeben sollen, dass dieser die Appellation zugelassen habe, oder warum nicht.

Es findet sich die Appellation als Feststellungsmittel auf die verschiedensten Rechtsverhältnisse angewandt; in zwei interessanten Formularen zeigt sie uns die Summa des Hostiensis:

„Ego Abbas sancti Augustini Cantuariensis, considerans quod talem ecclesiam pacifice et quiete possideo et quod nullus pacifice possidens ejiciendus sive expellendus est de possessione sua, ordinario iudice praetermisso, timens mihi violentiam inferri et me ejiciendum iniuste, vel alias super possessione ipsius ecclesiae perturbandum per tales ex talibus verisimilibus causis, quae ad aures meas pervenerunt, offero me paratum stare iuri coram domino Papa super dicta ecclesia cuilibet conquerenti, appellans ad Sedem Apostolicam, ne quis praesumat me super possessione dictae ecclesiae molestare.“

Hostiensis stellt diese Formel unter die Rubrik: „forma appellationis extra iudicium factae, contra illum, de quo timetur, ne dicat sibi ius, vel alias iniurietur“. Er stellt daneben eine andere Formel auf, die er, in einem engeren Sinne, Forma provocationis extra iudicium nennt. Das Verfahren, meint er, mache sich hier oft von selber, —

---

20) Hostiensis, Summa l. c.

21) Hostiensis, Summa, Form. app. ne fiat id quod de iur. comm. Später wird es Gebrauch, Aposteln Vorsichts halber hypothetisch zu erbitten; „wenn Einer da sei, der sie ertheilen könne“; s. Form. adv. cur. Rom., appell. divers. form. tit. 32 app. a collat. praelat. geg. Ende. Vgl. Scaccia, de appellat. q. XIII. n. 32 und die hier Citirten.

„hoc aliquoties fit ipso facto, puta duobus scilicet Petro et Guilelmo contendentibus de aliqua re dicit ponamus Petrus Guilelmo: Carissime Guilelme, tu iniuriaris mihi super tali vinea, scias, quod aut tu ipsam reddes mihi in pace aut ego occupabo eam, vel: pignorabo te, nisi mihi reddas tantam summam pecuniae."

„Responsio Guilelmi: Frater ego non iniurior tibi si ream meam teneo, vel: ego nihil tibi debeo; si tamen tu conquueraris de me in aliquo, ego offero tibi, quod paratus sum subire iudicium Apostolicae Sedis; et statim arripio iter vel mitto talem nuncium, sequaris me vel mittas illuc."

Diese Provokation lässt Hostiensis auf Erwirkung eines päpstlichen Reskripts hinausgehen; von der Appellationsformel ist sie nur dadurch verschieden, dass jene ein Erbieten zur Vertheidigung gegen Jedermann enthält und Besitzesschutz gegen drohende Störung bezweckt. Hostiensis bemerkt aber selber, dass diese provocatio auch in das Appellationsverfahren hinüberleiten könne; ein wesentlicher Unterschied zwischen seiner Provocatio und Appellatio existirt nicht, und in seinem Apparatus stellt er einen Unterschied zwischen beiden auch gar nicht auf [22]).

Durantis[23]) unterscheidet in seinen dem Hostiensis entnommenen Formeln auch nicht mehr äusserlich zwischen provocatio und appellatio.

Die Extrajudicialappellation benutzt zu gleichem Zwecke der Untergebene gegen den Oberen, welcher unmässige oder ungemessene Anforderungen[24]) an ihn richtet; ein interessantes Beispiel dafür ist das c. conquerente

---

22) Vgl. ad c. cum sit Romana (5) X (2, 28) nach Innocentius IV. die Späteren: (provocationes) fere per omnia censentur iure appellationum.

23) Spec. iud. II. 3 de appell. § 2.

24) Innocentius IV., Hostiensis, Jo. Andreae ad c. dilecti X de maioritate et obedientia v. appellaverunt]. Ad quid valet appellatio post praestitum iuramentum? Resp. ad hoc appellatur, ne exigeret aliquid occasione praestiti iuramenti insoliti et contra consuetudinem aliorum praestiti.

(16) X de officio iudicis ordinarii (1, 31); hier wird das Petitum des Abtes gegen den Bischof so referirt:

„ut specificares, quae tibi ratione iuris episcopalis competerent in eisdem (ecclesiis): quorum quibusdam specificatis lis fuit legitime contestata."

Auch hier führt also die Provokation zu einem Feststellungsprocess.— Das Formulare advocatorum curiae Romanae[25]) zeigt, wie ein zu einem Amte Berechtigter zur Feststellung seines Rechtes und folgeweise, vermöge des Satzes: ut lite pendente nihil innovetur, zum Schutze seines Besitzes, nicht allein gegen den Convent, welcher einen Anderen zu dem betreffenden Amte gewählt hat, sondern auch gegen den Gewählten selbst, weil er:

„huiusmodi praetensae collationi sive provisioni quantum in eo fuit suum praebuisse dicitur consensum et assensum et se exinde iactitasse et iactitare: quod ius in et ad eandem meam praeceptoriam, sicut praemittitur mihi rite collatam et possessam et prout eam de praesenti possideo, sibi competat, non formidavit," die Extrajudicialappellation an den Papst ergreift; es zeigt, wie ein Pfarrer einen bestimmten Gegner, der ein Zehntrecht an der Pfarrkirche behauptet, vor den päpstlichen Stuhl provocirt und eine päpstliche Commission erwirkt[26]):

„Beatissime pater, licet devotus orator vester P. rector parochialis ecclesiae de A. nullatenus tenetur ad alicuius pensionis solutionem ratione dictae suae ecclesiae (cum numquam consensisset, ut super illius fructibus aliqua pensio assignaretur, ipseque illam tenuisset et

25) Form. adv. cur. Rom., Appellationes variae diversarum formarum tit. 32. Appellatio a collatione praelati successoris et a non confirmatione collationum praelati praedecessoris. Vgl. Form. Notariorum necnon Instrumentorum, Instrumentum appellationis extraiudicialis ab intrusione cum insertione cedule etc.: v. ac iactarunt et iactant se ius habere in dicta — ecclesia licet false.

26) Form. adv. cur. Rom., Commissiones diversarum causarum tit. 34. Commissio appellationis et requisitionum et monitionum ad solvendam pensionem annuam. Vgl. tit. 40.

possedisset, prout tenet et possidet de praesenti, absque eo, quod de alicuius pensionis solutione requisitus fuerit pensionesque super fructibus beneficiorum absque consensu rectorum eorundem constitui et assignari non debeant) nihilominus quidam Io. n. assertus clericus, praetendens quandam annuam pensionem super fructibus dictae ecclesiae — sibi reservatam et assignatam fuisse, quasdam litteras super dicta pensionis reservatione ut dicitur expedivit, et illas praefato oratori praesentari ac ipsum ad solutionem dictae praetensae pensionis moveri fecit: a quibus quidem praetensis requisitione et monitione ac nonnullis aliis gravaminibus ipsi oratori illatis et inferri comminatis fuit ad Sedem Vestram, Sanctamque Sedem apostolicam appellatum etc."

Die Extrajudicialappellation hat sich in ihrer dargestellten Verwendung bis in späte Zeit erhalten; noch von Nicolaus a Tudeschis [27]) wird bezeugt, dass die Praxis seiner Zeit die Extrajudicialappellation als Schutzmittel gegen drohende Rechtsverletzung zu benutzen pflege; und Scaccia [28]) lässt die Extrajudicialappellation mit dem remedium ex l. diffamari concurriren.

Die Extrajudicialappellation ist provocatio ad causam; hier setzt die spätere Entwickelung ein.

Schon Durantis setzt als den Appellationsrichter nicht mehr nothwendig den Papst voraus. Man reflektirt nun weiter: ist die Extrajudicialappellation nichts als die Einleitung zu einem ordentlichen Process, warum nicht auch Verhandlung vor dem ordentlichen Richter erster Instanz, und ist es der „reus", im materiellen Sinne, von dem die Einleitung zum Processe ausgeht, warum nicht Verhandlung vor dem Richter, welcher der zuständige wäre, wenn der Gegner als Kläger den Process eingeleitet hätte? Die Praxis [29]) zieht diese Consequenz, gestützt auf c. 55

27) Ad c. 55 X de appell. (2, 28).

28) Tract. de appell. q. VII. n. 108 i. f.

29) Vgl. Nicolaus a Tudeschis (Abbas Panormitanus) ad c. 55 X de appell. (2, 28) n. 7: Quinto no. aliud pulchrum et singulare dictum, nec memini, quod alibi probetur et solet ad hoc

(dilectis) X de appell. (2, 28); es geht ihre Tendenz dahin, die Extrajudicialappellation ihres formalen Appellationscharakters zu entkleiden, und so sie auch formal ganz zu einer wahren Feststellungsklage, einer einfachen imploratio officii iudicis zu gestalten; denn die appellatio geht ihrer Natur nach [30]) stets auf eine pronuntiatio hinaus; diese kann hier in Gestalt der impositio silentii auftreten, oder auch positive Feststellung sein, sofern die Appellation auf eine positive Behauptung, insbesondere auf die Behauptung eines dinglichen Rechtes sich gründet. Aber der Ursprung aus dem deutschrechtlichen Erbieten zur Vertheidigung lässt sich nicht verleugnen — in dem Appellanten sieht man fort und fort hier den „reus".

---

adduci iste textus, videlicet quod si appellans extra iudicium et appellatus habent diversos iudices, potest appellans se subiicere protectioni sui iudicis et ad illum appellare et talis appellatio tuebitur ipsum appellantem ut hic. Hic enim episcopus habebat archiepiscopum iudicem ordinarium, sed archiepiscopus non erat iudex decani, quia metropolitanus non est iudex subditorum sui suffraganei, sed si episcopus vult convenire subditum sunt assumendi arbitri. — n. 9 Opp. contra text. — c. si clericos de sen. excomm. li. VI. videtur enim quod non potuit episcopus appellare decanum ad archiepiscopum ratione praedicta. Sol. contrarium est difficile sed potest sic responderi: quod aut episcopus vel alius appellans vult trahere archidiaconum ad iudicem proprium appellantis ut faciat sibi iustitiam de appellato, et non potest, sed tunc debet appellare ad iudicem appellati, cum sit quaedam conventio — et debet actor sequi forum rei s. de for. comp. c. cum sit. Et hoc casu habet locum contrarium. Aut appellans appellat ne turbetur in iure suo, ita quod in veritate est reus, et tunc potest se submittere protectioni sui iudicis et ad eum appellare extra iudicium, ut hic est casus valde notabilis. Ratio est, quia cum sit reus originaliter et re ipsa, potest illam causam deducere ad iudicem suum, sicut facit reus quando vult convenire actorem super exceptione sibi competenti. Nam trahit actorem ad iudicem suum ut potius inspiciatur natura causae quam actus provocationis ad iudicium. Dass unter dem suus iudex der Richter erster Instanz gemeint ist, zeigt schon die Stelle; es handelt sich um den Gerichtstand des Bischofs.

30) Vgl. auch Durantis cit. (N. 8).

§ 21. Das remedium ex l. diffamari.

Zwei Sicherungsmittel hat bekanntich die italienische Doktrin mit besonderer Vorliebe gepflegt und ausgebildet; das remedium ex l. diffamari und das ex l. si contendat. Auf dem reichen Hintergrunde von Feststellungsmitteln, welche unsere Darstellung entfaltet hat, in wie ganz anderem Lichte erscheinen sie nun. Das remedium ex l. diffamari erscheint nicht mehr als ein singuläres, ganz abnormes Rechtsmittel, nicht seinem Gehalte und nicht seiner Form nach. Nicht seinem Gehalte nach; welche Fülle von Gebilden, die alle dem gleichen Zwecke dienstbar sind, hat nicht das italienische Recht hervorgebracht! Wir begegneten speciell im Statutarrecht der mit der germanischen Auffassung des „Gerüchtes“ in klarem Zusammenhang stehenden Vorstellung, dass aussergerichtliche Rechtsbehauptung zur gerichtlichen Rechtsbewährung, zum Processe verpflichte. Man vergleiche nur mit der dargestellten Weise der Ledigung erhobener Einsprüche im Provokationsverfahren die einzige Stelle des Speculum iudiciale, welche das Remedium ex l. diffamari in concreter Anwendung zeigt [1]):

„Si denunciavi alicui, ne vendat rem aliquam — qualiter — sibi consuletur? Respondeo: iudex statuat mihi tempus intra quod rem vendicem: intra quod veniens audiar, postea non — C. de ingen. man. diffamari. Potest et aliter consuli ei. Nam si post nunciationem vendiderit et statim dicit mihi: paratus sum defendere causam, ut cognoscatur, si res mea vel tua, denunciatio non impedit venditionem, si nolim agere causam [2]).“

In der That, sah man es tagtäglich vor Augen, dass die erzwungene, durch Präklusionsgefahr aufgenöthigte aussergerichtliche Rechtsbehauptung zum Process verpflichte, was lag näher, als diese Verpflichtung auch an die freiwillige aussergerichliche Rechtsbehauptung zu knüpfen? Auch der

---

1) Durantis, spec. iud. IV. 3 de resc. vend. 1, 27.

2) Der von Wetzell, System § 13 N. 34 behauptete Zusammenhang wird hiermit nachgewiesen sein.

äusseren Form nach erscheint das remedium ex l. diffamari durchaus nicht als etwas Ungewöhnliches. Wir sahen, wie das praktische Bedürfniss ein ganz analoges Contumacialverfahren für den Besitzprocess, für den Wahlprocess herausgebildet hatte. Erschien nun der negativen Feststellungsklage gegenüber der Beklagte materiell als Kläger, wie natürlich, dass sich dies Contumacialverfahren hier zum Klagzwang gestaltete! Auch tritt die dem remedium ex l. diffamari charakteristische Frist von Anfang an keineswegs entschieden als Klagfrist auf. Sie wird auch bezeichnet als tempus ad contradicendum [3]), ad docendum de iure [4]). Ueberhaupt wird das ganze Mittelalter hindurch die l. diffamari dazu benutzt, um eine weitgehende richterliche Befugniss zu peremtorischen Fristbestimmungen für alle Arten processualischer Handlungen aus dem römischen Rechte zu begründen [5]). Und dass man diese Befugniss auch auf die Klaghandlung bezog, dazu trug sicherlich eine Vorstellung bei, welche sich schon bei Hostiensis [6]) und noch bei Jason [7]) findet, dass nämlich die Verjährung Klagverjährung sei, deren Frist der Richter aus genügendem Grunde abzukürzen befugt sei.

---

3) Azo, Lectura in l. diffamari ad v. errore].

4) Innocentius ad c. 16 X de off. ord. (1, 31).

5) Vgl. z. B. Albericus de Rosate ad l. diffamari: Haec lex saepe allegatur per advocatos, quod iudex ex iusta causa potest praefigere terminum alicui ad agendum, accusandum, probationes faciendum et excipiendum. S. auch schon Azo, Summa in Cod. ut nemo invitus; die Canonisten ad c. 5 X qui fil. sint legit. (4, 17); schon gl. lator] g. E. No. quod certus terminus agere volentibus statui potest, intra quem si intentionem suam non probaverint, ulterius non audientur, mit gl. intra duos]. No. quod terminus certus statui potest a superiore volenti agere, post quam non auditur iusta causa cessante, — l. diffamari de ing. man. Vgl. hier Wach, Arrestprocess S. 198. S. 180—182. 185 f.

6) Hostiensis, Summa II. de libelli oblatione n. 11.

7) Jason ad l. 2 D. de re iud. (42, 1) n. 27. Responde quod (in l. diffamari) lex specialiter concedit iudici facultatem diminuendi illud tempus (triginta annorum) — ex speciali et rationabili causa.

Deutlich tritt besonders auch der innere Zusammenhang des remedium ex l. diffamari mit der Extrajudicialappellation hervor. Es ist bekanntlich Innocenz IV., an welchen durch Bartolus die ganze spätere Doktrin über das remedium ex l. diffamari anknüpft[8]). Die Idee des remedium ex l. diffamari wird aber in Innocenz angeregt durch das c. conquerente (16) X de off. ordin. (1, 31), also, wie oben bemerkt wurde, durch einen ganz unzweifelhaften Fall der provocatio ad Papam; eine provocatio ad Papam versucht hier Innocenz aus dem römischen Recht mit Hülfe der l. diffamari zu begründen. Und in seine spätere Darstellung des remedium's, zu welcher die im c. lator (5) X qui filii sint legitimi (4, 17) enthaltene Fristbestimmung ihm nur die äusserliche Veranlassung gibt, spielt der mit der Appellation aufs engste verknüpfte Begriff des gravamen, ihm selbst vielleicht unbewusst, aber darum nicht weniger sichtbar hinein:

„— Causa cognita — potest statuere, ut intra certum tempus agat actor — maxime tunc scilicet, quando videt iudex — alicuius famam vel statum gravari. C. de ingen. man. l. diffamari."

Die spätere Dogmengeschichte der beiden remedia, ex l. diffamari und ex l. si contendat, ist bereits hinlänglich dargestellt[9]). Es erübrigt noch die Anknüpfung des remedium ex l. si contendat, soweit es als allgemeine negative Feststellungsklage auftritt, an die entwickelten Feststellungsmittel zu versuchen.

§ 22. Das remedium ex l. si contendat. (Imploratio officii iudicis.) — Die Schranke.

Zum remedium ex l. si contendat als allgemeiner negativer Feststellungsklage führen von den betrachteten Fest-

---

8) Muther, Jahrb. f. d. gem. Recht II S. 66.

9) Vgl. mit Muther's Aufsatz über die Diffamationsklage, Jahrb. d. gem. deutsch. Rechts II. S. 53—196, insbes. S. 58—84, S. 100—107, S. 177—184, noch A. Martin in Martin und Walch's Magazin für den gemeinen teutschen bürgerlichen Process I. S. 257—345.

stellungsmitteln aus zwei Wege. Der eine ist der Weg mehr der Reflexion, der Theorie, der andere scheint der der Praxis gewesen zu sein.

Der erstere geht von der Beurkundungsklage aus.

Schon in den venetianischen Statuten[1]) von 1242 finden sich die deutlichen Spuren der Anschauung, dass die Ausstellung einer Privaturkunde durch die Partei durch richterlichen Akt ersetzt werden könne. Es zeigt sich diese Auffassung in folgenden Fällen. Zur Exekution des Urtheils ist dem siegreichen Kläger die missio in bona des Schuldners ertheilt worden; zufolge dieser missio belangt der Kläger den Schuldner seines Schuldners; dieser will aber nur gegen Restitution der Schuldurkunde[2]) zahlen; und diese zu leisten, ist der Gläubiger nicht im Stande. Für diesen Fall bestimmen die Statuten[3]):

„Iudices qui de hoc cognoscunt, plenam securitatem ipsi debitori debitoris faciant, ita quod sit contra omnes securus et eum ad solvendum cogere non omittant.“

Weiter: wie oben gelegentlich bemerkt wurde, bestimmen die venetianischen Statuten, dass jede Urkunde, aus der Verurtheilung erfolge, zerschnitten werden solle; wie aber nun, wenn nur ein Theil der beurkundeten Forderung eingeklagt worden ist[4])?

„In ipsa Sententia inseratur totus tenor Instrumenti sententiati sive Cartae sententiatae, et Iudices in Sententia, quam tulerint, teneant firmum residuum quod non fuerit sententiatum.“

Und endlich sind Urkunden ersetzende Urtheile unzweifelhaft vorausgesetzt in der Bestimmung des l. VI. c. 42 Stat. Ven., welches das Gebiet der Urkundenverjährung folgender Maassen ausdehnt:

„Quod de caetero omnes Sententiae latae per quoscunque Iudices Nostros, per quas aliquid alicui peti

---

1) Die anderen oben angeführten Statuten erwähnen nur Strafe als Mittel, die Beurkundung zu erzwingen.

2) Auf Grund Stat. Ven. V. 7. 8.

3) I. 66.

4) Stat. Ven. VI. 19.

possit, ab eo tempore, quo peti potest, necesse sit clamare secundum usum usque ad 30 Annos sicut observatur de aliis Cartulis."

Wenn nun gar die Theorie die Beurkundungsklage nicht als eine wahre, aus einem Rechtsverhältniss entspringende, unmittelbar von Partei zu Partei wirkende actio, wenn sie dieselbe nur als eine auf Beweissicherung abzielende Anrufung des richterlichen Officiums ansah, so war die Frage gewiss sehr nahe gelegt: soll nicht der Richter auch von sich aus, ohne Mitwirkung der Partei, den Beurkundungseffekt hervorbringen können? ist es nöthig, dass er die Partei zwinge, zu beurkunden, was er festgestellt hat, genügt nicht, dass er es festgestellt hat?

Die Glosse hatte bereits vorgearbeitet. Sie fand in den Quellen Klagen auf Liberation, welchen Einreden zur Seite gingen. Freilich waren diese Klagen im Sinne des römischen Rechts formal ganz gewiss keine Feststellungsklagen, sie waren auf den nur indirekt durch die Condemnationsdrohung erzwingbaren Liberationsakt der Partei gerichtet, und Liberation setzte doch Obligation, eine noch in irgend welchem Sinn als bestehend gedachte Verbindlichkeit voraus.

Aber ihr praktischer Zweck war Feststellung. Was soll, fragt schon die Glosse, eine Liberationsklage, wo der Kläger bereits durch exceptio geschützt ist[5]? Und nun verwandelt sie unter dem Einfluss des als herrschend nachgewiesenen deutschen Rechtsgedankens die Liberationsklagen in echte negative Feststellungsklagen; sie weist ihnen als Ziel das silentium imponi an, die richterliche Auferlegung ewigen Schweigens, des Schweigens mit einem persönlichen Anspruch[6].

---

5) gl. liberabor] ad l. 3 § 3 D. de lib. leg. (34, 3): „Sed numquid habeo exceptionem sine pacto — ergo supervacua sit: sed hoc non debet fieri. — Respon. Hoc fit gratia tollendae dubitationis."

6) gl. consequi posse] ad l. Aurelius (28) § centum (8) De lib. leg. (34, 3): „per exceptionem non per actionem ut liberetur — nisi forte ut silentium imponatur heredi." Vgl. gl. habet] ad l. 9 D. de nov. (46, 2): „Videtur superflua haec liberatio cum semel solvendo ab utraque sit liberatus; sed dic quod non est propter hoc quia si dubitetur de liberatione statim possit ostendi."

Aber die Glosse gibt die Klage auf silentium imponi eben nur anstatt der römischen Liberationsklage, sie gibt sie nur da, wo das römische Recht die Liberationsklage gibt, sie sieht in ihr keine allgemein anwendbare negative Feststellungsklage, keine imploratio officii iudicis, sondern eine wahre an ein bestimmtes Rechtsverhältniss gebundene Aktio.

An die Beurkundungsklage anknüpfend, erweitert Bartolus den Kreis der negativen Feststellungsklagen. Er sagt mit Beziehung auf den Schuldner [7]:

„instrumentum potest etiam petere, ut pronuncietur, se non teneri seu petere ut actori silentium imponatur: l. Aurelius § centum de lib. leg."

Der Beurkundung gleichwerthig ist das silentium imponi, und das silentium imponi setzt sich um in das pronunciari des Nichtschuldens [8]. Es setzt sich weiter um in die positive pronunciatio, dass der Schuldner „exceptionem" habe, oder dass er befreit sei; die Frage, welche Bartolus an die Spitze seiner Ausführungen stellt, ist die [9]:

„An (reus) possit implorare officium iudicis, ut pronunciet, ipsum exceptionem habere vel liberatum esse."

„Dico quod sic ut i. de fideiuss. l. si contendat [10]) et ibi not."

Wie die Beurkundungsklage, so tritt hier die negative Feststellungsklage als imploratio officii iudicis auf; wo die Liberationsklage besteht, da tritt sie mit dieser in Concurrenz [11].

---

7) Ad l. finita (15) § eleganter (28) D. de damn. inf. (39, 2) n. 3.

8) Vgl. Bartolus ad l. liberationem (3) § nunc de effectu (3) D. de liberat. leg. (34, 3) n. 2. (Vgl. ad l. si contendat (28) D. de fideius. (46, 1)): — ut pronuncietur eum non debere, vel quod imponatur silentium actori.

9) Ad l. finita cit.

10) Bezüglich der Anknüpfung an die l. si contendat, siehe Wetzell, System § 13 Note 53.

11) Bartolus ad l. liberationem (3) § nunc de effectu (3) D. de lib. leg. (34, 3).

Allein der wahre Ursprung des remedium ex l. si contendat ist ein anderer, er ist nicht dieser künstliche Weg der Reflexion. Die Beurkundungsklage ist Mittel der Beweissicherung; das remedium ex l. si contendat tritt von Haus aus mit einem anderen Charakter auf; es ist Schutzmittel gegen drohende Beunruhigung:

„— Regulariter videtur, quod quilibet ubi habet exceptionem, etiamsi non conveniatur, potest iudicis officium implorare, ne ab adversario inquietetur[12].“

„Ego sum tutus exceptione contra te, volo impetrare a iudice, quod creditori imponatur silentium super illo debito, in quo sum tutus exceptione — est tex. hic, quod possum implorare officium iudicis ne fiat mihi molestia vel inquietatio et sic imponatur sibi silentium[13].“

„Ille qui pro debito alterius gravatur vel gravari timet potest officium iudicis implorare, quatenus iudex inhibeat ante factum, ne hoc fiat[14].“

„Franciscus, si conventus fuerit a Meo., dicat se habere exceptionem intentionis et facti, atque etiam timeat ab eo inquietari: merito potuerit iudicis officium implorare, etiam si nondum conventus fuerit; ad hoc scilicet, ut, cognita suae exceptionis veritate, prohibeat iudex eum inquietari[15].“

„Ubicunque timeo, quod mihi vis vel molestia fiat, possum super hoc implorare iudicis officium, ut prohibeat haec[16].“

Ja, geradezu als Voraussetzung der imploratio wird aufgestellt eine Beunruhigung, welche durch sie abgewandt werden soll:

„No. hic formari libellum negativum: peto me non inquietari: quod Canonistae vocant silentium

---

12) Bartolus ad l. si societatem (77) § arbitrorum D. pro socio (17, 2).

13) Bartolus ad l. si pater (3) C. qui bonis (7, 71).

14) Baldus ad l. si pater cit.

15) Lud. Romanus, Consil. 412 n. 1.

16) Alex. Tartagnus ad l. finita cit. n. 29.

imponi. — Qui libellus non procedit nisi fiat aliquis actus inquietans quia super hoc fundatur“ u. s. f. [17]).

Die Anrufung des richterlichen Officium's in dieser Anwendung bezweckt also Schutz gegen drohendes Unrecht, sie gründet sich auf eine gerechte Furcht vor künftiger Beschwerde, ihr Ziel ist: non inquietari, gleich dem kanonistischen silentium imponi. — Das ist ganz und gar der Charakter der Extrajudicialappellation [18]). Es wurde bemerkt, wie die Extrajudicialappellation als Feststellungsmittel die Tendenz hatte, sich zu einer einfachen imploratio des iudex ordinarius zu gestalten; im c. conquerente X. de off. ord. sehen schon Innocentius IV. und Hostiensis in seinem Apparatus den Fall einer imploratio des officium iudicis. Hier sehen wir das Ziel erreicht. Ganz schlagend wird der historische Zusammenhang des remedium ex l. si contendat mit der Extrajudicialappellation nachgewiesen durch folgendes Zeugniss des Bartolus [19]) über die herrschende Praxis seiner Zeit:

„Sed regulariter videtur, quod quilibet ubi habet exceptionem, etiamsi non conveniatur, potest iudicis officium implorare, ne ab adversario inquietetur. — Quaero, quis erit iudex, cuius officium implorabitur? Credunt communiter advocati, quod sit iudex appellationis, cum ista reductio sit appellationis species.“

Und nun macht Bartolus ganz denselben Schritt, welchen wir die kanonistische Praxis, gestützt auf das c. 55

---

17) Baldus ad l. nec contra (2) C. ne filius pro patre (4, 13).

18) Dass die Extrajudicialappellation gegen Private auch in den weltlichen Gerichten üblich gewesen, ist nicht zu bezweifeln, s. Bartolus ad l. 7 D. de app. recip. (49, 5), vgl. Wetzell, System § 58 N. 12. Der Curiosität halber will ich erwähnen, dass sogar die operis novi nunciatio auch als eine provocatio quaedam sive extraiudicialis appellatio aufgefasst wird. Vgl. Jason ad l. hoc edicto (1 pr.) D. de op. nov. nunc. (39, 1) n. 2. Freilich war die Geltung der Extrajudicialappellation nach weltlichem Recht nicht ganz unbestritten, vgl. Scaccia, de appellationibus, quaestio II n. 45 XVII. 38. 39.

19) Ad l. si societatem (77) § arbitrorum D. pro socio (17, 2).

(dilectis) X de appell. (2, 28) haben thuen sehen. Denn er fährt fort:

„Contrarium puto, quia imo est iudex principalis causae. — Unum tamen puto advertendum: quod, quando istud officium iudicis imploratur a reo cui exceptio competit, poterit ista reductio peti coram iudice ipsius rei, licet non sit iudex actoris. Ratio: quia cum ista exceptio modo examinetur principaliter, quae alias in iudicio actore agente examinaretur incidenter, potest examinari coram illo iudice, coram quo actor haberet necesse hanc actionem proponere. Nec in hoc actor gravatur, quia sic ipse de iure communi habet necesse facere."

So wenig, wie die Extrajudicialappellation, ist dieses Rechtsmittel seiner Idee nach auf den Fall einer Einredebehauptung beschränkt. Dass es in der Doktrin zunächst mit dieser Beschränkung auftritt, ist etwas rein Zufälliges, hat keine anderen als rein äusserliche Gründe. Ein Grund scheint die unmittelbare Anlehnung an die Glosse gewesen zu sein, welche das silentium imponi nur für bestimmte Fälle einer dem Kläger zuständigen Einrede erwähnte. Ein anderer und weit bedeutenderer Grund aber war das Danebenbestehen des remedium ex l. diffamari. Da, wo es auf die Feststellung einer Einrede ankam, erschien der Zwang zur Klage nur als ein unnützer Umweg; im Falle der reinen Negation schien es keines zweiten Mittels zu bedürfen. Und trotzdem sehen wir diese imploratio auch in Beziehung auf obligatorische Rechte in Concurrenz mit dem remedium ex l. diffamari treten. So in einem interessanten Consilium des Paulus de Castro [20]):

„Ad quantum quod quaeritur an Communitas possit agere negatoria contra episcopum super his quae episcopus praetendit debere recipere: Respondeo: non; quia negatoria competit, quando praetenditur aliqua servitus

---

20) I. 413 n. 4. Muther datirt von Marianus Socinus dem Aelteren eine „Entartung" des remedium ex l. diffamari, gegen die er ganz grundlos S. 79 ff. polemisirt. Vgl. auch dagegen Degenkolb, Einlassungszwang S. 215.

realis vel personalis; quod hic non est, sed praetendit episcopus quandam oblationem personalem orientem ex consuetudine, quod dici potest condictio ex consuetudine sicut condictio ex lege. — Si igitur Communitas confidit, quod episcopus non possit probare consuetudinem, potest implorare officium iudicis, ut imponatur episcopo silentium super iactantiis. D. de lib. leg. l. Aurel. § centum D. de fid. l. si cont. C. de ingen. man. l. diffamari."

Und in einem Consilium des Bartolomaeus Socinus [21]) erscheint eine auf blosse Negation gegründete Imploratio des richterlichen Officiums ganz unbedenklich und unbeanstandet zugelassen, wenn auch Socinus nachträglich diese Zulassung bemängelt. Schon der Libell des Baldus: „peto me non inquietari" konnte ebensowohl auf den Fall der Verneinung wie der Einredebehauptung bezogen werden.

Auch von diesem Rechtsmittel gilt, dass es eine imploratio officii iudicis ist, die sich bittend an die aequitas des Richters wendet, nicht auf ein ius gestützt ihm fordernd gegenübertritt, wie die ordentliche Klage es thut[22]). Die ordentliche Klage muss dreierlei enthalten: ausser der causa — dem Thatbestand — eine obligatio, eine gesetzliche Verpflichtung des Beklagten — obligatio scheint hier ganz im Bekker'schen Sinne als gleich actione teneri genommen — und eine actio[23]). Dieser strengen Klage tritt das officium iudicis ergänzend zur Seite — latissimum est et ad

21) III. 94. Dieses Consilium ist auch sonst interessant, so für das Verhältniss der Handelsgerichte zu den ordentlichen Gerichten.

22) Roffredus de libellis Pars V. Rubr. I. „Quando (officium iudicis) imploro: — est in potestate iudicis denegare mihi vel concedere; at quando actio: propono auxilium mihi competens de persona mea non aliunde, unde sive velit sive non, oportet quod iudex tanquam mercenarius dominae suae actioni meae deserviat. — Item vide absurdum, quod sequeretur, si officium iudicis esset actio: quia iam ipse sibi serviret, cum officium iudicis teneatur actioni deservire." Darauf ruht die spätere Doktrin.

23) Roffredus de lib. Pars I. que debet continere libellus R. Vgl. Petrus Jacobi Practica, alter libellus super leg. fin. C. de ed. div. Hadr. tollendo: „negari non potest quin in omni actione fit obligatio etiam in actione in rem; ut J. de act. i.

multa potest extendi[23a]); die Imploratio des richterlichen Officiums gründet sich nicht auf ein Gesetz, sie ruft nur die aequitas an in Bezug auf ein gesetzlich bestimmtes Verhältniss[24]):

„Quandoque lex vetat et tunc vetat aliquid ad commodum eius vel heredis eius cui vetatur et oritur ius excipiendi non agendi. — Quandoque lex vetat aliquid ad commodum alterius quam cui vetatur et tunc sine dubio oritur ius agendi. — Sed contra hoc opponitur ubicunque lex dat ius excipiendi ibi reo competit ius agendi per officium iudicis — illud ius agendi non oritur ex illa lege vetante sed ex aequitate iudicis propter illam legem."

Wäre der wahre Ursprung der negativen Feststellungsklage die Beurkundungsklage gewesen, so wäre unerklärlich, warum nicht mit der negativen Feststellungsklage zugleich auch in demselben Umfange die positive entstanden wäre. In der That wirft Bartolus[25]) die Frage auf, ob nicht auch der Anspruchsberechtigte das richterliche Officium anrufen könne: ut declaretur sibi actionem competere? Aber er denkt dabei offenbar nur an eine praesens actio und nur in formalem Sinne bejaht er die Frage. Vor der Obligation macht die Entwickelung der positiven Feststellungsklage Halt. Es ist möglich eine Klage auf silentium imponi mit Bezug auf einen Vertrag, wenn sich der Gegner in thatsächlichen Widerspruch mit demselben zu setzen droht; es ist möglich eine Klage auf silentium imponi mit Bezug auf ein dingliches Rechtsverhältniss — das silentium als Schweigen mit einer Rechtsbehauptung oder mit einer Rechtsbestreitung verstanden; aber eine Obligatio kann nur insofern Gegenstand des Processes sein, als eine gegenwärtig fällige Leistung daraus in Anspruch genommen wird. Tractus futuri temporis non pertinet ad iudicem — iudicium

pen. et de except. (4, 13) § item si in iudicio (5), cui responderi non poterit."

23a) Roffredus, de lib. P. V. R. I.

24) Bartolus ad l. 1 de cond. ex lege (13, 2) n. 5. Diese und die folgende Nummer sind höchst interessant wegen der darin entwickelten Normentheorie.

25) Ad l. finita cit. n. 6. Vgl. Alex. Tartagnus h. l.

antequam aliquid debeatur, accipi non potest. Diese den Quellen entnommenen Sätze bildeten hier eine unübersteigliche Schranke[26]).

Nur zur Verfügung des Schuldners stellt Baldus in Anknüpfung an das c. conquerente (16) X de off. ord. (1, 31) den generellen Libell auf:

„Peto ut specifices quae tibi debeo."

Wenige Ausnahmen gestand man zu; zunächst den Fall der l. 40 (in lege Aquilia) D. de leg. Aq. (9, 2), deren Entscheidung man als eine singuläre unter dem Gesichtspunkt der Strafe des dolus auffasste. Man liess ferner gelten Verurtheilungen zu fortlaufenden Prästationen, wenn eine einzelne derselben fällig sei: „sententia lata super futuro dependente a praesente valet"[27]). Endlich erklärte man eine Klage auf noch nicht fällige Leistung auch dann für zulässig, wenn die Befristung nur in einer gesetzlichen Bestimmung zu Gunsten des Schuldners ihren Grund habe[28]).

§ 23. Actiones praeiudiciales.

Ganz unfruchtbar sind für die Entwickelung der Feststellungsklagen im italienischen Recht die römischen actiones praeiudiciales gewesen. Man erkannte für das römische Recht nur die drei im § 13 J. de act. (4, 6) aufgeführten Praeiudicialklagen[1]) an, und dehnte dieselben nur mit

26) Vergl. die Commentatoren ad l. 35 D. de iud. (5,1) mit gl. non posse], ferner ad l. 1 §. 2 de usur. (22, 1).

27) So schon gl. cum iudicem] ad l. 1 C. quae sent. sine cert. quant. (7, 46) tractus futuri temporis non pertinet ad iudicem — sed responde illud tenere cum unum debitum est de futuro: hic autem plura menstrua vel annua. Unde bene fieri potest de talibus condemnatio ne cogar omni mense repetere vel super iure meo protestari. Vgl. gl. praeside] ad l. 8 C. de alim. (2, 4) und die Commentatoren zu diesen Stellen, auch zu § praeiudiciales (13) J. de act. (4, 6) z. B. Angelus Aretinus n. 11. Jo. Petrus de Ferrariis, Practica, libell. in act. reali, gl. deducendo] n. 5. 6.

28) Matth. de Afflictis, decis. Neapolit. 278 bes. n. 5, der auch die einschlägige Litteratur zusammenstellt.

1) Placentinus de varietate actionum Tit. 19 de praeiud. action. § 1. (Tract. iur. univ. Ven. 1584. Tom. 3 Pars 2) und alle Späteren ad § praeiudiciales (13) J. de act. (4, 6).

äusserster Vorsicht analog auf andere[2]), mittelalterliche Gewaltverhältnisse[3]) aus; aber nicht einmal ihre Uebertragung auf das Lehnsverhältniss blieb unangefochten[4]).

Die anerkannten Präjudicialklagen aber betrachtete man keineswegs als auf blosse pronuntiatio gerichtet[5]); wo man ihnen nicht die nackte Form der dinglichen Petitio[6]) gab, liess man sie durchgängig auf Condemnationen auslaufen. Ich stelle zum Beweis dieser Behauptung einige Libellschlüsse zusammen[7]).

---

2) Roffredus de lib. P. I. De act. i. r. praei. pro lib. vel vasallia seu vasallinitate. P. IV. De act. in rem praei. qua quaeritur an aliquis habeat filium in potestate § 10—12. Jo. de Blanosco ad § praeiudiciales, de praei. p. q. petitur vasallus.

3) Nicht etwa z. B. auf Verwandtschafts- oder sonstige Familienverhältnisse. Vgl. Jo. de Blanosco de act. praeiud. q. quaeritur utrum aliquis sit filius vel nepos, g. E.

4) Vgl. Jo. Faber, ad § praeiudiciales (13) J. de act. (4, 6) n. 11.

5) Nur Roffredus sagt und nur mit Bezug auf die Patronatsklage (I. de act. i. r. praei. pro libertin. § 6): „In hac actione officium iudicis erit: quod si constiterit eum esse libertum pronunciabit illum esse libertum, vel si constiterit ingenuum pronunciabit eum ingenuum"; dann fährt aber auch er fort: „et ista sententia trahit executionem secum".

6) Vgl. mit Placentinus de varietate actionum tit. 19 § 5. 6. Roffredus de libellis Pars I. de act. in rem preiudiciali pro libertinitate R.: Ipsum in libertum meum peto; Pars IV. de act. in rem. preiud. per quam dominus servum in suam potestatem et dominium vendicabit. R.

7) Dieselben sind dem Commentar des Jo. de Blanosco ad Tit. Inst. de actionibus und des Petrus Jacobi Practica entnommen: „Ut servilia ministeria eidem actori exhibeat sententialiter condemnetis et condemnatum ad praedicta iuris remediis compellatis. — Ad exhibenda debita iura patronatus mihi per diffinitivam sententiam condemnetis. Ut eundem actorem pro suo patrono habeat et obsequia ad quae libertus patrono suo teneretur ei praestet sententialiter condemnetis et condemnatum etc. — Ut me agnoscat in filium et ut filialia iura mihi praestet condemnando. Ut mihi paternalia iura praestet condemnetis. Ut sibi reverentiam patri debitam et alia quae a filiis patribus debentur praestet sententialiter condemnetis et condemnatum etc. — Ut mihi praestet servitia quae homo legius debet praestare domino condemnari. — Ut me libere uti libertate mea permittat, per diffinitivam sententiam condem-

Auch bildet bei allen Späteren eine thatsächliche Verletzung die Voraussetzung der Präjudicialklagen. Noch Roffredus stellt für den Fall bloss wörtlicher Anfechtung des Status, bemerkenswerther Weise ohne jede Beziehung auf die l. diffamari, folgende Formel auf[8]):

„Ago ego R. contra talem qui cum sim in possessione libertatis; ipse me impedit et statum meum diffamat dicendo me suum servum esse: unde me ipsum in libertatem vendico et ne amodo me in libertate mea impediat nec statum meum diffamet, ago contra eum proponens contrariam actionem in rem praeiudicialem."

Diese Formel findet sich noch bei Odofredus de libellis formandis[9]). Dann hat sich ihre Spur verloren. Es ist klar: das allgemeine remedium ex l. diffamari hat die specielle actio verdrängt.

§ 24. Anhang. Gemeinrechtliche Fortbildung[1]).

Bekanntlich hat das gemeine Recht die remedia ex l.

---

nando. Ut — non ipsum cogat sibi servilia ministeria exhibere sententialiter condemnetis et condemnatum ad praedicta etc. — Ut patiatur me gerere pro ingenuo etc." — Vgl. Durantis, speculum iudiciale IV. 1. de officio ordinarii.

8) De libellis. Pars IV. De act. in rem praeiudic. contraria. n. 4. Sie wird dann analog zur Bestreitung anderer Unterworfenheitsverhältnisse benutzt. Insbesondere zeigt sie Roffredus noch in folgender Anwendung: „Vel si vis concipere libellum pro servitiis adiutoriis redditibus quae imponuntur depellendis qui libellus tota die occurrit prae manibus sic concipies: Libellus. Ago contra talem cui cum non sit ius imponendi seu petendi exigendi talia servitia talia adiutoria tales redditus: cum sim homo liber et ingenuus quod cesset ab impositione seu exactione seu petitione talium adiutoriorum servitiorum seu reddituum; ad hoc propono utilem negatoriam vel officium iudicis; et hoc quando aliquid tibi ablatum non est pretextu illorum servitiorum." Vgl. o. S. 12.

9) Pars IV. c. 6 (Tract. iur. univ. Venet. 1584 tom IV) freilich nur dem Roffredus abgeschrieben.

1) Das gemeine Recht soll im Folgenden nur soweit dargestellt werden, als nothwendig erscheint, um den historischen Zusammenhang herzustellen. Namentlich sollen also die Feststellungssurrogate des gemeinen Rechts nicht besonders dargestellt werden;

diffamari und ex l. si contendat in der Gestalt recipirt, welche die italienische Doktrin ihnen gegeben hatte[2]).

Selbst noch unter dem unmittelbaren Einfluss mittelalterlich-deutscher Rechtsanschauungen stehend erfasst das gemeine Recht, soweit es überhaupt das remedium ex l. si contendat als wahre Feststellungsklage, nicht als provocatio ad agendum auffasst, mit besonderer Energie den Gedanken, dass hier der „reus"[3]) im materiellen Sinne es sei, welcher ex l. si contendat als Kläger auftrete. Dies äussert sich insbesondere darin, dass unter den Begriff des remediums ex l. si contendat auch positive von der italienischen Doktrin als selbständige Erscheinungen behandelte Feststellungs-

---

es gehört dahin namentlich das aus der italienischen Doktrin recipirte interdictum uti possidetis wegen turbatio verbis; interessant schon Hartmannus Hartmanni II. 28 observ. 2 n. 1 Si quis non debitorem quasi debitorem appellaverit iniuriae faciendae causa, iniuriarum tenetur. n. 6. Si vero quis possessorem diffamat, dicendo rem quam possidet ad se non pertinere, talis diffamator tenetur interdicto recuperandae (soll heissen retinendae). Vgl. J. H. Berger, electa processus possessorii §. 33. G. L. Menke dissert. de turb. verb. vel script. fact. § 9—18 und die hier § 12 Citirten; bezüglich des Verhältnisses zum remedium ex l. diffamari das. § 16; ferner actio confessoria und actio negatoria, wegen Bestreitung bezw. Behauptung einer Servitut, actio negatoria auch wegen Eigenthumsbehauptung, s. Gottschalk Sel. discept. for. Bd. II. cap. 7 S. 79. Sie sind nicht eigentliche Feststellungsklagen, da sie auf Störungsverbot gehen; vgl. J. H. Böhmer doctr. de actionibus Sect. 2 cap. 2. § 48: „Dass Beklagter uns das Brauen zu verbieten nicht befugt, derowegen er sich dessen hinfüro zu enthalten, und genugsame Caution de non amplius turbando zu bestellen schuldig."

2) Bezüglich ihrer genügt die obige Verweisung auf Muther und Martin. Vgl. Lauterbach, diss. de rem. ex. l. si contendat.

3) Vgl. z. B. Petrus Heigius quaestiones iuris part. II qu. VIII. n. 6. Licet regulariter iudicio ab actore inchoato reus contrarium libellum offerre nequeat, neque, etiamsi ius diversum in exceptione alleget et probet, super eo directo iudex pronuntiari debeat — n. 8 tamen si ante motam ab alio actionem ius suum reus in iudicium deducere et super eo actore cunctante pronunciari cupiat nequaquam id facere prohibendus est. Ebenso Carpzov processus tit. 20 art. 4 n. 7. Stryk, Introductio in prax. forens. cap. 5 § 1. Lauterbach l. c. I. 4. u. s. w.

klagen gebracht werden, die man unter dem Gesichtspunkt einer anticipirten Vertheidigung zur Sicherung vor künftiger Ansprache auffasst[4]).

Die Voraussetzungen des remediums ex l. diffamari werden andrerseits abgeschwächt, sein Anwendungsgebiet damit erweitert, und so von beiden Seiten die Vermischung der beiden remedia begünstigt, welche die italienische Doktrin vorbereitet hatte[5]). Am remedium ex l. diffamari zeigt sich diese Vermischung darin, dass der Klagzwang stellenweise in Einlassungszwang verwandelt erscheint, der Zwang ad agendum in Zwang ad probandum[6]), docendum[7]) — man kann dies als Rückbildung bezeichnen, denn

---

4) Petr. Heigius l. c. n. 9 fährt fort: „ex quo liberi etiam nondum mota lite pronunciari se legitimos petere possunt et vasallo si contra praetensam feloniam putat se aliqua exceptione tutum permittitur super illa exceptione adire iudicem principaliter eiusque officium implorare, ut vigore istius exceptionis absolvatur et domino silentium imponatur (vgl. Lud. Schrader, tractatus feudalis pars IX princip. 2 sect. 14 n. 62 fin.) et si generalis emanaverit constitutio privilegiis particularium personarum praeiudicans petere potest, ut declaretur, constitutionem ad hos non pertinere; sic comes castrum possidens petere a iudice potest, se declarari comitem ad suae possessionis confirmationem, quas omnes et similes species ad remedium d. l. si contendat referre possumus; nam hac via etiam rei ius suum in iudicium deducere possunt, licet actionem non habeant sed exceptionem tantum." Vgl. damit auch Zanger, de exceptionibus, III. c. 26 n. 192—210. Cons. Altdorf I. 41.

5) S. Muther a. a. O. S. 84—94. Degenkolb S. 215. 216.

6) Muther S. 86.

7) Dies tritt namentlich hervor in der Art, in welcher ein Theil der Theorie die Klage wegen Diffamation mit künftigen Ansprüchen behandelt; vgl. Voët. Comm. ad Pand. V. 1 n. 27. „Nec etiam absurdum fuerit ob praesentem adversarii iactantiam de iure sibi post tempus aut conditionis existentiam competituro eundem actione ex l. diffamari ad id restringi ut de praesenti doceat de iure illo quod sibi aliquando competiturum disseminavit; aut alioquin in perpetuum etiam lapso die vel conditione silentium ei imponatur." S. auch J. H. Böhmer, exerc. ad pand. I. 5 de iure futuro § 15 und die hier Citirten. Weitere Nachweisungen bei Gottschalk, Selecta disceptationum forensium capita tom. III. cap. 12.

ganz das gleiche Schwanken begegnete uns im Beginn der Geschichte des remediums ex l. diffamari.

Es hat aber auch das gemeine Recht die einzige Schranke durchbrochen, welche im italienischen Recht den Festellungsklagen noch gesteckt war.

Die spanische Jurisprudenz des sechszehnten Jahrhunderts beschäftigt sich vielfach mit der Frage, ob der Majoratsanwärter auf Feststellung seiner Anwartschaft auf bestimmte Güter gegen den augenblicklichen Inhaber derselben Klage erheben könne, insbesondere dann, wenn dieser ihre Allodialeigenschaft behaupte und sie zu belasten oder zu veräusseren drohe. Diese Frage tritt sogleich als principielle auf und wird als principielle von einem Theil der spanischen Juristen bejaht. Man findet es[8])

> „in iure expressum quod ex iustis causis etiam tractus futuri temporis spectat ad iudicem, non ad hoc ut exequatur ante eventum diei vel conditionis, bene tamen ad hoc ut pronuntiet seu declaret actionem competere ipsi actori".

Diese Bejahung ist der Fortschritt von der allgemeinen negativen zur allgemeinen positven Feststellungsklage, sie ist die Erfassung des im remedium ex l. si contendat gelegenen allgemeinen Feststellungsgedankens.

Bartolus hatte schon gefragt, ob nicht wie zur Deklaration einer Einrede, so auch zur Deklaration einer actio das officium iudicis angerufen werden könne, und Alexander Tartagnus hatte in vollster Allgemeinheit die Frage gestellt[9]): An quis possit pro iure sibi competente agere ut declaretur illud ius sibi competere? Diese Frage war, und zwar in lediglich formalem Sinne, nur für die praesens actio bejaht worden; die spanische Jurisprudenz bejaht sie auch für die futura actio. Ist es gestattet das Gericht anzurufen zur Sicherung vor künftiger Ansprache, warum nicht auch zur Sicherung künftigen Anspruchs? Kann Feststellung einer Einrede begehrt werden zur Er-

---

8) Rodericus Suarez allegationes alleg. 4. n. 6, welcher m. W. die Frage zuerst behandelt hat.

9) Ad l. finita (15) § eleganter (28) D. damn. inf. (39, 1).

haltung derselben, warum nicht Feststellung eines jeden „ius ad ius conservandum"? Das ist der Kerngedanke der Entwickelung[10]); zur Unterstützung dient vor Allem die anerkannte Zulässigkeit der Deklaration dinglicher Rechte (s. o. S. 39), der nun die Deklaration obligatorischer und anderer Rechte als gleichartig zur Seite tritt[11]).

Gleichfalls in innerem Zusammenhange mit dem remedium ex l. si contendat behandelt der Wittenberger Petrus Heigius die Frage; er schliesst sich der bejahenden Meinung der spanischen Jurisprudenz an; zunächst auch in Beziehung auf Erbrechtsverhältnisse. Wenn der Besitzer von Lehnsgütern behaupte, sie seien allodiale, und auf Grund dieser Behauptung sie zu verpfänden und zu veräussern beginne, und so das Recht der Agnaten gefährde, dann[12]):

„iudicium ex dolo possessoris et ex causa de praesenti fundatum bene procederet, ut etiam declaratio super iure futuro fieri posset."

Das aber sei nicht der einzige Fall[13]); die Voraussetzungen, unter welchen zur Deklaration eines ius futurum

---

10) Bei Rodericus Suarez kehrt er in nicht weniger als drei verschiedenen Wendungen wieder: in n. 6 im Anschluss an die italienische Doktrin zur l. finita, in n. 7 im Anschluss an Baldus und seine Nachfolger zur l. si pater C. qui bonis cedere possunt und in n. 8 endlich schliesst die Erörterung mit einem triumphirenden Argument a remedio ex l. si contendat. Auch die Gegner sehen hierin das Hauptargument. Vgl. Gomez Comm. ad l. Tauri 40 n. 79 „quarto et principaliter".

11) Die Gründe für und wider und die Schriftsteller, welche die eine und die andere Meinung vertreten, finden sich zusammengestellt bei Antonius Gomez Comment. ad l. Tauri 40 n. 79; der Hauptgrund der gegentheiligen Meinung, welche auch Gomez vertritt, ist der: quia iudicium processus vel sententia non valet nec potest fundari super iure de futuro l. quemadmodum (35) D. de iudiciis (5, 1). Weitere Anführungen s. unten bei Sandius.

12) Part. II. Quaest. VIII. n. 33. vgl. damit Weichb. o. S. 11 N. 10.

13) L. c. n. 36. Et possunt similes interdum causae accidere, ad arbitrium et aestimationem iudicis boni pertinentes, in quibus similiter ad declarationem iuris successorii, in futurum competentis, procedi recte potest. l. non possunt (12) D. de legibus (1, 3).

geschritten werden könne, unterständen dem richterlichen Ermessen.

Das mittelalterliche deutsche Recht hatte, wie gezeigt, in manichfachster Weise wahre Feststellungsklagen ausgebildet, als Klagen insbesondere wegen Bedrohung mit künftigem Unrecht, künftiger Rechtsverletzung.

Diese unmittelbarsten Erzeugnisse deutschrechtlicher Grundanschauungen sind unverloren, und verbinden sich nun mit der neuen Errungenschaft der Theorie, sie verschmelzen mit der „Einklagung des ius futurum". Dies zeigt deutlich mit fast gleichzeitigen deutschen Consilien[13a]) ein Urtheil eines niederländischen Gerichtshofes, der suprema Frisionum curia, vom 20. December anno 1626, welches Johannes a Sande (Sandius), Rath in diesem Gerichtshofe, aufbewahrt hat, das passendste Seitenstück zu Wass. II. 168 (o. S. 10 N. 10); er referirt[14]):

„Nonnulli volunt ius futurum hactenus in iudicium deduci posse, ut a iudice saltem declaretur, et ideo Majoratus successorem vivo possessore petere posse, ut declaretur, se jus in eo post mortem successoris habiturum[15]). — Petrus Heigius monet accidere posse caussas ad arbitrium et aestimationem Iudicum pertinentes, in quibus ad declarationem juris in futurum competentis procedi recte possit; ut si possessor bonorum feudalium in praesens contendat bona esse libera et allodialia. Vel si conductor fundi praetendat finita locatione sibi nihilominus jus aliquod in fundum conductum competere. Hinc cum Titius ab Ordinibus Frisiae agrum emisset pertinentem ad monasterium in Mariengaert, quem alius conduxerat in aliquot

---

13a) Kaspar Klock etc. Consilia II. 28 n. 11—13 (Thom. Merkelbach) III. 114 n. 201 vgl. mit n. 95—98 (Kasp. Klock).

14) Decisiones curiae Frisicae lib. I. tit. 5. defin. 3. sub II.

15) Er citirt hier Rod. Suarez, und Didacus Covarruvias I. resol. c. 8; dann noch (für die gegentheilige Meinung) Suarez d. all. 4 (soll heissen 3, Suarez hatte anfänglich die andere Meinung vertreten). Gomez l. c., Barbosa ad l. non potest (23) D. de iud. (5, 1) n. 16. 17. Franc. Caldas quaest. forens. II. c. 39 n. 16. 17 und verweist im Uebrigen auf Heigius l. c.

annos nondum praeteritos, isque jactaret etiam lapsis locationis annis sibi ex l. congruit (4) C. de locat. praed. civil. (11, 71) hoc jus competere, ut in nova locatione praeferri deberet alii extraneo, Titius volens esse certus de jure suo in futurum, denuntiavit colono, se finita locatione agrum velle habere liberum, Colonus se opposuit, Curia declaravit denuntiationem rite factam heeft verklaert d'op-segginge vigoreus[16]."

Diese Formulirung: ein ius futurum kann Gegenstand des Processes insofern sein, als seine Deklaration durch Urtheil begehrt wird, beherrscht nun die Geschichte der positiven Feststellungsklage; unter diesem Gesichtspunkt sieht die Frage J. H. Berger[17]), und bejaht sie principiell ein Urtheil des kursächsischen Oberappellationsgerichtes (vom Jahr 1698), welchem er angehört[18]); behandelt sie übereinstimmend J. H. Böhmer[19]), und entscheidet sie nach ihm ein Urtheil des Casseler Oberappellationsgerichtes[20]) (vom Jahr 1753); die gleiche Anschauung findet sich im Beginne unseres Jahrhunderts bei Gottschalk[21]), er unter-

16) Sandius fährt dann fort: ac condemnavit reum finita locatione agrum relaxare et restituere; dass dies condemnare nicht wörtlich, d. h. von einer Exekution begründenden Verurtheilung zu verstehen ist, zeigt der ganze Zusammenhang, insbesondere das anfängliche saltem declaretur.

17) Unter direkter Bezugnahme auf Heigius und Sandius; electa processus provocatorii § 15 n. 3: non desunt casus quibus etiam ius futurum in iudicium deduci potest; es handelt sich um bedingte oder befristete Forderungen.

18) J. H. Berger l. c. § 51: 1) quia ius etiam futurum in iudicium deduci potest (quomodo supra ex Heigio et Sandio praecepimus); die Beklagten hatten gegenüber der erhobenen provocatio ex l. si contendat geltend gemacht; dass ihnen „ius (non) competat de rebus allodialibus agendi"; das remedium ex l. si contendat erscheint hier als provocatio ad agendum, vgl. Martin a. a. O. § 1—3.

19) De iure futuro; exercit. ad pand. vol. I. exerc. V. cap. 1 § 11. 12; auch er verweist, wie Heigius bezüglich der Voraussetzungen auf das arbitrium iudicis.

20) De Canngiesser, Collectio decis. suprem. trib. app. Hasso-Cassellani, tom. I. dec. 73 n. 4 vgl. mit n. 2.

21) Sel. disc. for. tom. III. cap. 12 S. 174 — apud Romanos

stützt sie durch Urtheile wiederum des höchsten Sächsischen Gerichtshofes[22]), welchem er angehört, und im zweiten Bande von Seuffert's Archiv (1848) schliesst sich ein Urtheil des Dresdener Oberappellationsgerichtes[23]) unter Bezugnahme auf J. H. Böhmer eng an die Anschauung der Vergangenheit.

So ist denn wenigstens für die sächsische Praxis der historische Zusammenhang klar; dass er ebenso für die Praxis der übrigen deutschen Gerichtshöfe besteht, welche die Feststellungsklage anerkennen, und ihrer ist die Mehrzahl (s. Windscheid, Pand. § 45 N. 8), wird kaum zu bezweifeln sein. Er besteht unzweifelhaft für die negative Feststellungsklage, die aus der Mischung beider remedia hervorgeht.

Auf der gemeinrechtlichen Praxis aber ruht die Partikulargesetzgebung und auf beiden der § 231 CPO.

Erst in neuerer Zeit versucht die Theorie und theilweise ihr folgend die Praxis die unmittelbare Anknüpfung des vorhandenen und schon entwickelten Instituts an das römische Recht; man knüpft einerseits wieder unmittelbar an die römische Klage auf cautio[24]) — aber das Verständniss für diese Klage war bereits der italienischen Doktrin entschwunden[25]), andrerseits[26]) an die römischen Präjudicien

---

quoque de iure futuro in iudicio disceptari potuisse. S. 172 wird noch Sandius citirt.

22) L. c. S. 176.

23) II. Nr. 27. (Klage auf Anerkennung der Eviktionspflicht vor Eintritt des Eviktionsfalles.)

24) S. namentlich Bähr, Anerkennung als Verpflichtungsgrund § 69.

25) Bei Johannes Brunnemann Comment. ad l. in omnibus (41) D. de iud. (5, 1) findet sich die unbelegte Bemerkung: n. 10. Sed quaeritur qualis cautio hic requiratur; et videtur recepta sententia proposita ab Alexandro in l. si finita § eleganter n. 15 D. damn. inf., qui distinguit, utrum scilicet agatur propterea ante tempus ut debitum possit esse liquidum: possent enim testes mori et hoc casu ad nudam repromissionem et confessionem agitur; aut propterea ante diem agitur, quia suspectus et fieri possit non solvendo, et tunc fideiussoria cautio requiritur. Vgl. o. S. 60. Regelmässig wird, soweit ich sehe, unter der cautio hier nur Realcaution verstanden.

26) S. namentlich Windscheid, die Aktio des römischen Civilrechts, S. 17. 18; Pandekten § 45.

— aber diese sind uns nirgends begegnet unter den Faktoren, welche die Entwickelung der Feststellungsklagen bestimmten. Die ganze mittelalterliche Geschichte der Feststellungsklagen ist damit übersprungen; unsere Feststellungsklagen sind nicht römisch-rechtlichen Ursprungs, sie haben ihre Wurzeln im deutschen Recht.

Die Klage auf Feststellung eines Rechtsverhältnisses wird frühzeitig in innere Beziehung gedacht zu der Klage auf Anerkennung einer Urkunde[27]), es scheint, dass daher ihre Bezeichnung als Anerkennungsklage[28]) stammt. Die Klage auf Urkundenanerkennung scheint im 16. Jahrhundert schon aus der italienischen Jurisprudenz durch Vermittelung des französischen Parlamentsgebrauches und der französischen Gesetzgebung recipirt zu sein[29]); sie tritt sogleich auf als „Anerkennungsklage". Wenn vor der Geltendmachung eines Anspruches die Anerkennung einer Urkunde verlangt werden kann, welche doch nur zum Beweis des anspruchbegründenden Rechtsgeschäftes dient,

---

27) S. Note 30.

28) Von ältern Schriftstellern s. Schweitzer, Provokationsprocess S. 58. Gottschalk a. a. O.

29) Petrus Friderus (Mindanus) de processibus lib. II (de mandatis iudicialibus) cap. 70 (de instrumentorum privatorum executione) n. 17. 18. Et hic materia agnoscendi vel diffitendi scripturam, cautionem, manum aut sigilla similiter notandum ex praeiudiciis parlamentorum, quod debitor ad agnoscendum vel diffitendum compelli potest quocunque tempore etiam ante solutionis terminum ita ut contra appellare non liceat vel etsi debitor appellet, nihilominus recognoistre ou desavouer, agnoscere vel diffiteri teneatur: per const. regis Francisci de anno 1539 et per rationem quod petita agnitione creditor non pulsat nec convenit debitorem, sed solummodo se praeparat tutumque et securum reddit. Quod sane remedium utilissimum est, cum saepe debitores ante terminum solutionis moriantur et postea nemo sit ex heredibus qui velit agnoscere: ergo qui vult sibi providere, si tale vel simile quid metuat, is debitorem citare ante iudicem competentem potest, ut recognoscat vel diffiteatur. Tunc si agnoscat chirografum iudicialiter confessum habetur: si vero diffiteatur, creditor aliis argumentis quae postmodum forsan perire vel semper haberi non possunt, convincere eum potest.

so muss auch wohl vor Geltendmachung des Anspruches die Anerkennung des betreffenden Rechtsgeschäftes selbst verlangt werden können[30]) — es stimmt dieser Gedankengang mit der Entwickelung überein, welche auch im altitalienischen Provokationsverfahren beobachtet wurde.

---

30) Dies offenbar ist der Gedankengang J. H. Berger's, electa processus provocatorii § 15 — „unde et ante solutionis terminum creditor se potest praeparare et debitorem ad agnitionem manus suae compellere."

Die Feststellungsklage

der

Reichscivilprocessordnung.

§ 1. Feststellung und Verurtheilung.

Die Feststellungsklagen des § 231 der CPO. sind positive oder negative, ihr Objekt ist ein Rechtsverhältniss oder eine Urkunde. Sie treten auf als die Species einer einheitlichen Klagengattung; was ihnen gemeinsam ist, das ist der nächste Zweck, welchen sie verfolgen; ihr nächster Zweck unzweifelhaft ist ein Feststellungsurtheil: das Wesen des Feststellungsurtheils ist bestimmend für das Wesen der Feststellungsklage.

Am deutlichsten muss sich nun aber der Gattungscharakter der Feststellungsklage zeigen an derjenigen positiven Feststellungsklage, deren Objekt ein Rechtsverhältniss ist. Die Klage auf Feststellung des Bestehens eines Rechtsverhältnisses tritt in klaren Gegensatz zu der Klage auf Leistung aus dem bestehenden Rechtsverhältniss, die Feststellung des Bestehens eines Rechtsverhältnisses zu der Verurtheilung aus dem für bestehend erkannten Rechtsverhältniss. Es soll daher zunächst das Wesen der auf positive Feststellung eines Rechtsverhältnisses gerichteten Klage, vor Allem das Wesen dieser Feststellung selber in ihrem Gegensatze zur Verurtheilung untersucht werden; das für die eine Species der Feststellungsklage gefundene allgemeine dogmatische Resultat wird sich dann auf die übrigen leicht übertragen lassen.

Pronuntiatio, declaratio — unter dieser Bezeichnung trat schon in Italien das Feststellungsurtheil in klaren Gegensatz zur condemnatio. Es entstammte dieser Gegensatz nicht dem römischen Recht; er ist nicht, wie Degenkolb behauptet[1], die Frucht falscher Uebertragung specifisch

1) Einlassungszwang S. 145. 146.

römisch-rechtlicher Begriffe in das moderne Recht. Das italienische Recht und die italienische Doktrin kennen nicht die Condemnation als Geldersatzcondemnation, sondern nur als Verurtheilung zur ursprünglich geschuldeten Leistung; gerade die römischen actiones praeiudiciales gehen im Mittelalter nicht mehr auf blosse pronuntiatio, sondern auf condemnatio hinaus. Nicht also dem Gegensatze des römischen praeiudicium und der römischen condemnatio kann der Gegensatz zwischen feststellendem und verurtheilendem Erkenntniss entnommen sein. Auf die ursprüngliche Bildung des Feststellungsurtheils sind die römischen Präjudicien ganz ohne Einfluss gewesen; das Feststellungsurtheil hat sich dadurch entwickelt[2]), dass aus der impositio silentii der in ihr steckende concrete Kern herausgekehrt wurde. Die Umsetzung der impositio silentii in pronuntiatio war deutlich zu beobachten bei der negativen Feststellungsklage; und sie ist hier nichts Zufälliges; sie tritt auch an anderen Stellen hervor, so namentlich bei der impositio silentii in Bezug auf dingliche Rechte. Diese Umsetzung ist bedingt durch den Begriff der impositio silentii, die Herauskehrung ihres Gehaltes, bloss formale Umsetzung, welche das Wesen der Sache nicht berührt: die rechtliche Bedeutung der impositio silentii ist die rechtliche Bedeutung der aus ihr gewonnenen pronuntiatio, declaratio; und diese eben ist das Feststellungsurtheil des gemeinen Rechtes geworden.

Silentium heisst Schweigen mit einer Rechtsbehauptung oder mit einer Rechtsbestreitung; was bedeutet impositio silentii? Sie kann nur dies bedeuten: die künftige Rechtsbehauptung oder Rechtsbestreitung des Beklagten gilt dem Recht gleich seinem Schweigen — ist rechtlich, und insbesondere im Processe, irrelevant. Mit anderen Worten: die impositio silentii ist der Ausdruck der positiven Rechtskraft eines nur formell nicht ausgesprochenen

---

2) Es handelt sich hier natürlich nur um das Feststellungsurtheil in seinem Gegensatz zum verurtheilenden Erkenntniss; also um das Feststellungsurtheil des italienischen und gemeinen Rechts; denn im mittelalterlichen deutschen Rechte besteht der Gegensatz nicht.

Urtheils, welches die Rechtsbehauptung oder die Rechtsbestreitung für unbegründet erkennt. Indem dieses Urtheil als der eigentliche Gehalt der impositio silentii formell ausgesprochen wird, entsteht das Feststellungsurtheil.

Etwas Anderes ist die impositio silentii nicht, als der Ausdruck der positiven Rechtskraft eines gerichtlichen Erkenntnisses, und so kann folglich die ganze Bedeutung der aus ihr gewonnenen pronuntiatio nur beruhen in ihrer positiven Rechtskraft, nur in dieser.

Anders das verurtheilende Erkenntniss. Die Verurtheilung bleibt Verurtheilung, auch wenn man dem verurtheilenden Erkenntniss die positive Rechtskraft völlig entzieht; ein verurtheilendes Erkenntniss ist möglich auch unter der Herrschaft einer Rechtsordnung, welche dem Urtheil positive Rechtskraft nicht beilegt. Ein Feststellungsurtheil ohne positive Rechtskraft wäre ein Messer ohne Klinge, welchem der Stiel fehlt.

Die Verurtheilung setzt nothwendig voraus einen vorgestellten Anspruch; sofern die Rechtsordnung dem verurtheilenden Erkenntniss positive Rechtskraft verleiht, — insofern ruht jede Verurtheilung auf der Feststellung eines Rechtes ebenso, wie jeder Anspruch auf einem Rechte [3]) ruht; das verurtheilende Erkenntniss enthält, sofern ihm die Rechtsordnung positive Rechtskraft verleiht, die Feststellung des Rechtes oder des Rechtsverhältnisses, welchem der geltendgemachte Anspruch erwächst — denn wo ein Recht ist, da ist immer auch „ein rechtlich bestimmtes Verhältniss" [4]); die Verurtheilung selbst aber nimmt den Inhalt des geltend gemachten Anspruches in sich auf; der Inhalt des für begründet erkannten Anspruches ist der Inhalt der Verurtheilung. Wie der Anspruch, so ist folglich auch die Verurtheilung dadurch charakterisirt, dass sie auf die unmittelbare Bestimmung menschlichen Willens gerichtet ist.

Vom Standpunkte der Norm ausgehend gelangen wir zu dem gleichen Resultate. Die Verurtheilung ist das con-

---

3) Windscheid, Pandekten I. § 43.

4) Vgl. Windscheid, Pandekten I. § 37.

krete Gebot, in welches sich vermöge des Processes das abstrakte Gebot [5]) des Gesetzes umsetzt; um durch den Rechtszwang verwirklicht zu werden, muss das Gesetz diese Umwandelung durchmachen. Jedes concrete Gebot aber ist auf die unmittelbare Bestimmung eines fremden Willens gerichtet, es bezweckt einen Erfolg durch Bestimmung eines fremden Willens.

Der Wille, welchen die Verurtheilung zu bestimmen bezweckt, ist zunächst der Regel nach der Wille des Beklagten, eventuell der Wille der Vollstreckungsbehörde [6]).

Nicht dagegen ist das Feststellungsurtheil auf die unmittelbare Bestimmung menschlichen Willens gerichtet. Das Feststellungsurtheil wirkt unmittelbar nur und will unmittelbar nur auf die Vorstellung wirken; auf den Willen wirkt es nur und will es nur insofern wirken, als es, vermöge seiner positiven Rechtskraft, zur Grundlage künftiger Ansprüche, künftiger Verurtheilungen wird.

Die Verurtheilung ist nothwendig auf einen Erfolg gerichtet, nach dem Inhalt einer Verurtheilung fragen wir mit „wozu"; wir sind durch den Begriff der Verurtheilung zu dieser Frage genöthigt; nach dem Inhalt einer Feststellung fragen wir nur mit „was". Das Feststellungsurtheil an sich verhält sich neutral zum Erfolg; ob das festgestellte Rechtsverhältniss einen Erfolg und welchen Erfolg es künftig bedingen werde, welche Consequenzen sich und ob sich überhaupt Consequenzen für das Verhalten der Parteien aus

5) Ihering, Zweck im Recht S. 321 ff., 336 u. 337.

6) Es gibt Fälle, in welchen, aus Zweckmässigkeitsgründen, die Verurtheilung direkt auf die Bestimmung des Willens einer staatlichen Behörde gerichtet ist; weil doch der Beklagte den bezweckten Erfolg nicht von sich aus bewirken, sondern nur durch seine Erklärung dazu mitwirken könnte. Auch kann die Rechtsordnung den bezweckten Erfolg dann unmittelbar an das Urtheil anknüpfen, wenn derselbe ein bloss rechtlicher und kein faktischer ist; dann knüpft sich aber doch der rechtliche Erfolg nicht an das Urtheil qua Urtheil, sondern qua Willenserklärung; dann ist das Urtheil nothwendig zugleich Willenserklärung; dann ist es der Richter, welcher mit der Verurtheilung zugleich ihren Erfolg verwirklicht. Vgl. Eisele, Compensation S. 381 ff.

dem Feststellungsurtheil ergeben werden, für das Feststellungsurtheil selbst ist das durchaus gleichgültig. Eine Verurtheilung ist aus einem Rechtsverhältnisse nicht möglich, sofern eine Leistung aus dem Rechtsverhältnisse nicht möglich ist; für das Feststellungsurtheil ist es unwesentlich, dass zufolge des festgestellten Rechtsverhältnisses künftig etwas und dass es durch die Parteien zu geschehen haben werde; das festgestellte Rechtsverhältniss kann untergehen, ohne eine Spur seines Daseins zu hinterlassen, ohne jemals für den Willen einer Partei maassgebend gewesen zu sein. Ein Gesellschaftsverhältniss kann durch Urtheil festgestellt werden, aus welchem für keinen der Gesellschafter jemals eine Leistungspflicht erwachsen ist, auf die Gefahr hin, dass noch im Moment des Urtheiles der Gesellschaftszweck unmöglich werde.

Die Verurtheilung ist Bestimmungsgrund auch für den Willen der vollstreckenden Behörde. Das Feststellungsurtheil dagegen ist niemals hinlänglicher Grund zu einer Zwangsvollstreckung; aus einem Feststellungsurtheil ist keine Exekution möglich. Dieser Satz bedarf der näheren Begründung; dabei ist zunächst auf den Inhalt des Feststellungsprocesses zurückzugehen.

§ 2. Der Inhalt des Feststellungsprocesses.

Auf die Feststellungsklage selber kann eine Verurtheilung unzweifelhaft nicht erfolgen; die Feststellungsklage begehrt nur Feststellung, nicht sachliche Leistung; Verurtheilung auf Feststellungsklage würde folglich ultra petitum gehen[1]). Das Petitum der Feststellungsklage bedingt aber auch, und zwar zunächst, die Vertheidigung des Beklagten.

Einer Klage gegenüber, welche nicht auf Verurtheilung zu einer sachlichen Leistung, sondern nur auf die Feststellung eines Rechtsverhältnisses gerichtet ist, sind naturgemäss alle diejenigen Vertheidigungsmittel unwirksam, welche nur gegen eine Verurtheilung gerichtet sind, nur das Vorhandensein eines gegenwärtigen Anspruches des Klägers, einer gegenwärtigen Leistungspflicht des Be-

1) CPO. § 279.

klagten verneinen, das geltend gemachte Recht selbst aber unberührt lassen [2]).

Gegenüber einer Klage auf sachliche Leistung macht es in der That keinen Unterschied, ob einer Einrede ein selbständiges Recht des Beklagten zu Grunde liegt oder nicht [3]); einer Feststellungsklage gegenüber sind keine Einreden denkbar, welche auf einem selbständigen Rechte des Beklagten beruhen, sondern nur solche, welche das Bestehen des Rechtsverhältnisses selbst verneinen, dessen Feststellung begehrt wird.

Einreden, welche auf einem selbständigen Rechte beruhen, sind die von Thon [4]) sogenannten rechtsverfolgenden Einreden; sie sind aber nicht die einzigen.

Pfandrecht, Niessbrauch begründen der rei vindicatio gegenüber eine Einrede; sie berechtigen den Beklagten zum Behalten der Sache, sie verneinen nur seine Verpflichtung zur Herausgabe derselben. Gegenüber einer Klage auf Feststellung des Eigenthums an der Sache begründen eben deshalb diese Rechte keine Einrede. Denkbar wäre nur, dass nun seinerseits der Beklagte gegen den Feststellungskläger — rechtliches Interesse an der Feststellung vorausgesetzt — Klage auf Feststellung seines Rechtes (nicht ohne Weiteres Widerklage [5])) erhebe. Gegenüber einer Klage auf Feststellung einer Forderung kann nicht zur Geltung kommen eine dem Beklagten zustehende Retentionseinrede; eine Retentionseinrede verneint nur die Leistungspflicht des Beklagten, nicht das Bestehen der Forderung. Gegenüber einer Klage auf Zahlung des Kaufpreises kann der Beklagte einredeweise einen Mangel der Waare geltend machen, welche ihn berechtigt die Wiederaufhebung des Kaufvertrages zu verlangen; einer Feststellungsklage gegenüber könnte dieser Mangel keine Einrede, sondern nur Widerklage begründen. Auch eine Compensationseinrede

2) Darunter fallen alle eigentlichen Exceptionen — wenn man solche auch für das heutige Recht noch gelten lassen will.

3) Thon, Rechtsnorm V. § 17 S. 276 ff.

4) A. a. O. S. 267 ff.

5) Vgl. CPO. § 33.

möchte gegenüber der Klage auf Feststellung einer Forderung nicht statthaft sein. Das Forderungsrecht wird durch das ihm gegenüber stehende Forderungsrecht nicht aufgehoben; es fährt fort an und für sich zu bestehen [6]); und ein Zwang zum Abschluss des Compensationsvertrages (Eisele) kann gegen den Gläubiger nur dann eintreten, wenn er klagend Erfüllung begehrt. Die Gegenforderung mag jetzt schon fällig sein oder bis zum Zeitpunkt der Fälligkeit der festzustellenden Forderung fällig werden, so wird doch auch mit Bezug auf die festzustellende Forderung der Satz gelten: quod in diem debetur, non compensabitur.

Nur die gegenwärtige Leistungspflicht des Beklagten verneinen ihrem Begriffe nach alle dilatorischen Einreden; dilatorische Einreden sind als solche einer Feststellungsklage gegenüber unmöglich; die eventuell sie begründenden Thatsachen können einer Feststellungsklage gegenüber nur insofern in Betracht kommen, als sie Verneinung von Klagebehauptungen ergeben; die Einrede des Stundungsvertrages z. B. liesse sich umsetzen in Verneinung des Fälligkeitstermines der Forderung, welchen die Feststellungsklage behauptet.

§ 3. Feststellung und Exekution.

Der Process also, welcher die Feststellung eines Rechtsverhältnisses zum Gegenstande hat, ist nicht fähig, auch nur den schon gegebenen Stoff in sich aufzunehmen, welcher für die Beurtheilung eines dem Rechtsverhältniss erwachsenden Anspruches von Relevanz wäre; natürlich sind vom Feststellungsprocess alle dem künftigen Anspruch gegenüber wirksamen Vertheidigungsgründe ausgeschlossen, die nach dem Zeitpunkt entstehen, in welchem sie spätestens im Feststellungsprocess hätten geltend gemacht werden können. Nun ist aber doch die Verurtheilung aus einem Anspruch nicht allein bedingt durch das Vorhandensein der rechtsbegründenden, sondern auch ebenso durch das

6) Windscheid, Pandekten II. § 349 Nr. 1.

Nichtvorhandensein der rechtsvernichtenden Thatsachen. Eine Verurtheilung ist immer nur gerechtfertigt für einen gegebenen Zeitpunkt. Daraus folgt von selbst, dass eine gerechtfertigte Verurtheilung nicht denkbar ist für einen zukünftigen Zeitpunkt; denn ob und welche Thatsachen bis zu diesem Zeitpunkt eingetreten sein werden, welche die Entstehung des Anspruches zu hindern oder den entstandenen aufzuheben und damit die Verurtheilung auszuschliessen geeignet sind, lässt sich ohne Prophetengabe nicht ermessen. Freilich, eine jede Verurtheilung bleibt an und für sich wirksam bis zu ihrer Vollstreckung, wie auch die thatsächlichen Verhältnisse im Flusse bleiben mögen; in dem nothwendigen Zwischenraume zwischen Verurtheilung und Vollstreckung können immer neue Einreden entstehen. Solche neu entstandene Einreden aber vermag der Beklagte eben nicht im Weg der Vertheidigung, sondern nur im Weg der Klage[1]) gegen die Zwangsvollstreckung zur Geltung zu bringen.

Diese Widerspruchsklage richtet sich gegen die begonnene Zwangsvollstreckung und hemmt sie keineswegs nothwendig. Eine Bestimmung gleicher Tendenz kann keine Civilprocessordnung entbehren; sonst würde der Process dem Achilles im Beispiele der Sophisten gleichen, welcher eine Schildkröte verfolgt, sie aber niemals einholen kann; denn hat er den Zwischenraum zurückgelegt, welcher sich augenblicklich zwischen ihm und der Schildkröte befindet, so muss ja die Schildkröte schon wieder weitergekommen sein.

Aus dem Gesagten folgt: Exekution aus einem Feststellungsurtheil bedeutet eine Beschränkung und zwar eine sehr erhebliche Beschränkung des Vertheidigungsrechtes des Beklagten. Jede Beschränkung des Vertheidigungsrechtes bedarf eines zureichenden Grundes; der Feststellungsprocess ist dafür kein zureichender Grund. Dass ein Rechtsverhältniss Gegenstand eines Feststellungsurtheiles geworden ist, das ist für den aus dem Rechtsverhältniss entspringenden Anspruch eine ganz und gar zufällige That-

---

1) CPO. § 686 vgl. § 691 Z. 4. 5.

sache; es ist undenkbar, dass durch einen solchen Zufall ein Anspruch zu einem exekutorischen werde; Liquidität des Klaggrundes ist für sich allein nicht geeignet, Exekution zu begründen[2]).

Wohl lässt sich das schriftliche Feststellungsurtheil auffassen als Beurkundung des festgestellten Rechtsverhältnisses; aber diese Beurkundung ist kein Produkt des Willens des Verpflichteten; und darum erscheint aus einem Feststellungsurtheile, welches eine „Forderung auf Zahlung einer bestimmten Geldsumme oder Leistung einer bestimmten Quantität anderer vertretbarer Sachen oder Werthpapiere" zum Gegenstand hat, nicht allein unmittelbare Exekution unmöglich, sondern sogar Exekutivklage[3]) unstatthaft; denn „aus dem geschichtlich begründeten Wesen des ganzen Instituts ergibt sich — die unausweichliche Beschränkung des Exekutivprocesses auf Vertragsurkunden"[4]).

Bejaht also ist durch das Feststellungsurtheil auch nicht die Pflicht des Beklagten „auf Erfordern des Klägers zu leisten"[5]); denn bejaht ist durch das Feststellungsurtheil, seinem Begriffe nach, niemals und in keiner Weise, eine Pflicht des Beklagten zu leisten.

§ 4. Die Wirkung des Feststellungsurtheils.

Die Wirksamkeit des Feststellungsurtheils beruht ganz in seiner positiven Rechtskraft. Die processuale Bestrei-

---

2) Die CPO. spricht dies auch selber aus im § 702 Z. 5. Eine Zwangsvollstreckung aus einer der hier bezeichneten Urkunden, durch welche ein Anspruch auf ein Certum liquid gestellt wird, kann doch nur stattfinden, sofern „der Schuldner sich in der Urkunde der sofortigen Zwangsvollstreckung unterworfen hat".

3) CPO. § 555.

4) Brieglеb, Einleitung in die Theorie der summarischen Processe S. 521. Dem Wortlaut des § 555 gegenüber lässt sich geltend machen, dass das Feststellungsurtheil nicht Beweismittel im eigentlichen Sinne des Wortes ist.

5) Dies nimmt Degenkolb an, Einlassungszwang und Urtheilsnorm S. 171, freilich von seinem dogmatischen Standpunkte aus ganz consequent.

tung des festgestellten Rechtsverhältnisses ist unter den Parteien des Feststellungsprocesses künftig unwirksam, sofern sie nicht auf Gründen beruht, welche nach der Verhandlung entstanden sind, in der sie im Laufe des Feststellungsprocesses spätestens nach den Bestimmungen der Processordnung hätten geltend gemacht werden müssen[1]). Die nothwendige Kehrseite dieses Satzes ist: das Bestehen eines Rechtsverhältnisses, welches Gegenstand eines Feststellungsprocesses gewesen ist, kann in einem künftigen Processe unter diesen Parteien mit Wirksamkeit dann nicht behauptet werden, wenn die Feststellungsklage aus dem Grunde abgewiesen worden ist, weil das behauptete Rechtsverhältniss nicht bestehe.

Die positive Rechtskraft des Feststellungsurtheiles reicht in objektiver Beziehung so weit, als das für statthaft erkannte Feststellungspetitum reicht. Die Feststellung eines Rechtsverhältnisses, welches bedingend ist für das Rechtsverhältniss, das den Gegenstand des Feststellungsprocesses bildet, ist nur durch Incidentfeststellungsklage[2]) auch im Feststellungsprocess zu bewirken.

In subjektiver Beziehung bestimmt sich der Umfang der positiven Rechtskraft des Feststellungsurtheils ganz nach den allgemeinen Regeln des objektiven Rechts. Sie wirkt also, der Regel nach, nur gegenüber den Parteien und ihren Rechtsnachfolgern, gegenüber diesen namentlich auch dann, wenn die Rechtsnachfolge während[3]) des Processes stattgefunden hat[4]).

Die hier aufgestellten Sätze gelten insbesondere mit Bezug auf künftige Klagen, die auf Feststellung des Bestehens oder Nichtbestehens des betreffenden Rechtsverhältnisses, oder auf Leistung aus demselben gerichtet sind.

Zulässig ist in Bezug auf ein festgestelltes Rechtsverhältniss eine negative Feststellungsklage nur insofern, als

---

1) Nach Analogie von CPO. § 686 Abs. 2.

2) CPO. § 253.

3) CPO. § 236 findet auch auf den Feststellungsprocess Anwendung.

4) Wetzel, System § 47 Note 112.

sie auf Feststellung gerichtet ist, dass das festgestellte Rechtsverhältniss nicht mehr bestehe; umgekehrt ist folglich auch an sich zulässig eine wiederholte positive Feststellungsklage[5]), d. h. eine Klage auf Feststellung, dass das festgestellte Rechtsverhältniss noch bestehe.

Zufolge seiner positiven Rechtskraft bildet das Feststellungsurtheil, wie die vertragsmässige Anerkennung, selbständigen Verpflichtungsgrund. Es genügt darum auch für sich allein zur Substantiirung einer Klage auf Leistung aus dem festgestellten Rechtsverhältnisse. Auf eine weitere Substantiirung durch Anführung der das festgestellte Rechtsverhältniss begründenden Thatsachen hat der Beklagte keinen Anspruch, eben deshalb, weil eine wirksame Bestreitung derselben unmöglich ist.

Das in jeder Klage nothwendig enthaltene Feststellungsbegehren bezeichnet man auch als Anerkennungsbegehren; als Antrag, den Beklagten zur Anerkennung des geltend gemachten Rechtes schuldig zu erkennen. Diese Anerkennungspflicht ist nichts weiter als ein anderer Ausdruck für die bindende Kraft der im verurtheilenden Erkenntniss enthaltenen Feststellung, für die positive Rechtskraft des Urtheils[6]). Anerkennungsbegehren und Feststellungsbegehren, Anerkennungsklage und Feststellungsklage[7]) werden darum hier als identisch behandelt[8]).

---

5) Natürlich sofern ein selbständiges Interesse für dieselbe gegeben ist.

6) Auch die vertragsmässige Verpflichtung zur Anerkennung eines Rechtsverhältnisses wird als die Verpflichtung, dasselbe nicht zu bestreiten, bezeichnet. Windscheid, Pandekten II. § 412 a.

7) Vgl. CPO. § 231: Anerkennung einer Urkunde — Feststellung der Unechtheit derselben.

8) Die Verwendung der Feststellungsklage zu der Incidentfeststellungsklage des § 253 der CPO., welche gleichfalls auf der dargelegten Natur des Feststellungsurtheils beruht, bleibt hier principiell ausser Betracht; sie bedarf einer besonderen Erörterung.

§ 5. Vertheidigung des behaupteten Gegensatzes zwischen feststellendem und verurtheilendem Erkenntniss.

Das verurtheilende Erkenntniss will als Motiv unmittelbar auf den Willen, das feststellende unmittelbar nur auf die Vorstellung wirken. Ein Motiv aber ist nur denkbar mit Bezug auf eine Handlung, und eine Handlung ist Leistung, wenn sie als die Erfüllung einer Verpflichtung gedacht wird; eine Vorstellung ist nothwendig die Vorstellung von etwas Seiendem. So begegnet sich denn der hier behauptete Gegensatz des verurtheilenden und des feststellenden Erkenntnisses wenigstens, wie es scheint, mit dem Sinne der Windscheid'schen Formulirung, dass der Feststellungskläger behaupte, dass etwas sei, nicht, dass der Gegner etwas leisten müsse. Die gegen diese Formulirung von Degenkolb[1]) gerichteten Angriffe sind also auch hier abzuwehren.

Degenkolb versucht einen indirekten und einen direkten Angriff. Der indirekte richtet sich „gegen die Haltbarkeit der aus jenem vermeintlichen Gegensatz gezogenen Folgesätze“, der Sätze nämlich, dass der Feststellungsklage kein Anspruch zu Grunde liege, und dass die Feststellungsklage keine Beschwerde über erlittenes Unrecht enthalte. Ob diese Sätze wirklich Folgesätze jenes vermeintlichen Gegensatzes, und ob sie wirklich unhaltbar sind, wird in anderem Zusammenhang später erhellen. Seinen direkten Angriff führt Degenkolb in folgender Weise[2]): „So wie der Gegensatz lautet, erregt er von vorneherein das Bedenken logischer Unhaltbarkeit. Der Spruch auf „Sein“ scheint zu dem Spruch auf „Leistenmüssen“ nicht in ausschliessendem Gegensatz zu stehen. Denn der Ausspruch auf Leistenmüssen lässt sich fassen als Ausspruch auf das „Sein“ einer Leistungspflicht.“

Dieser Angriff trifft, wenn das „Sein“ beidemal denselben Sinn hat, geht aber fehl, wenn es jedesmal ver-

1) Einlassungszwang S. 141. 142.

2) A. a. O. S. 141 unten.

schiedenen Sinn hat. Das „Sein" kann verschiedenen Sinn haben, es kann gedacht werden als physisches und als bloss logisches Sein.

Das Feststellungsurtheil ist der Ausspruch auf ein „Sein", das heisst: das Feststellungsurtheil spricht aus, dass gewisse Thatsachen gegeben sind, an welche das Recht gewisse Wirkungen knüpft, wenn andere Thatsachen eintreten, und wieder andere nicht eintreten; hier bleiben wir durchaus im Gebiete des physischen Seins.

Das verurtheilende Erkenntniss ist Ausspruch auf Leistenmüssen, der Ausspruch auf Leistenmüssen lässt sich fassen als Ausspruch auf Sein einer Leistungspflicht; das heisst zunächst auch nur: das verurtheilende Erkenntniss spricht aus, dass gewisse Thatsachen gegeben sind, an welche das Recht gewisse Wirkungen knüpft. Aber insofern das verurtheilende Erkenntniss nur diesen Ausspruch enthält, ist es noch nicht verurtheilendes Erkenntniss, nicht Ausspruch auf Leistenmüssen. In jedem verurtheilenden Erkenntniss steckt ein bestimmtes Soll; nur insofern es dieses bestimmte Soll enthält, nur insofern es auf die unmittelbare Bestimmung eines Willens gerichtet ist, ist ein Erkenntniss verurtheilendes Erkenntniss. Jene Thatsachen treten in dem verurtheilenden Erkenntniss nur auf als Motive für den Ausspruch dieses conkreten Soll. Welcher Antheil an demselben dem Gerichte, welcher dem Gesetze zufällt, ist gleichgültig; genug, dass es in jedem Fall vom Staate ausgeht, wie er durch seine Organe redet und handelt.

Diese nothwendige Beziehung zu einem Willen, in welcher der im verurtheilenden Erkenntniss enthaltene Ausspruch auf das Sein einer Leistungspflicht steht, ist nun offenbar etwas bloss Gedachtes. Das Soll des verurtheilenden Erkenntnisses ist nicht auf etwas Vorhandenes, sondern wesentlich auf etwas Nichtvorhandenes, auf den beabsichtigten Erfolg gerichtet; so wenig man von einem Begehren als solchem sagen kann, dass es Existenz habe, so wenig kann man von dem Ausspruch auf Leistenmüssen sagen, er sei der Ausspruch auf Sein; und so gut man jenes von jenem kann, so gut kann man dieses von diesem; man kann es, wenn man das Sein als bloss logisches Sein versteht.

Das verurtheilende Erkenntniss gibt zugleich ein Motiv zur Vollstreckung ab für die vollstreckende Behörde; das feststellende Erkenntniss ist niemals hinlänglicher Grund zu einer Zwangsvollstreckung. Dieser Unterschied beruht auf dem verschiedenen Wesen der Urtheile, und es trifft also dagegen nicht Degenkolb's Bemerkung zu[3]), „die Exekution erscheine als das Erzeugniss eines neuen und selbständigen Parteibegehrens[4]), die Exekutionsreife des Urtheils sei daher kein durchaus taugliches Unterscheidungsmerkmal innerhalb der Klagen"[5]). „Sodann aber, fährt Degenkolb fort[6]), (und das ist das Entscheidendste) trifft die Exekutionsreife — nicht in allen Fällen sog. condemnatorischer Urtheile wirklich zu. — Und umgekehrt: die moderne Terminologie spricht gelegentlich von Feststellungsurtheilen mit Exekutionskraft." Dieses „in einander Uebergehen condemnatorischer Urtheile und feststellender Urtheile" soll durch drei verschiedene Beispiele bewiesen werden[7]).

Nun sind aber vor Allem Beispiel 1 und 2 in der hier in Betracht kommenden Beziehung vollkommen identisch. Beispiel 1 ist ein Urtheil des Inhaltes, „dass Beklagter schuldig, binnen 4 Wochen b. V. d. E. (das Pachtgut) zu räumen und dem Kläger Rückgewähr zu leisten"; hier sei „Condemnation und Feststellung äusserlich im Urtheil verbunden"; das zweite Beispiel ist „einheitlicher Spruch auf Leistung des Verklagten gegen eine dem Betrag nach noch zu liquidirende Gegenleistung des Klägers"; dazu wird bemerkt[8]): „die nahe Berührung einer Verurtheilung auf Zahlung gegen Empfang mit der „Feststellung" ist auch Bähr nicht entgangen, s. Anerkennung, 2. Aufl., S. 317, N. 9."

Verurtheilende Erkenntnisse auf Leistung um Gegenleistung, wie solche in gemeinrechtlicher Uebung sind[9]), enthalten nicht mehr und nicht weniger Feststellungen, wie

---

3) A. a. O. S. 142 u. 143.

4) S. 143. — 5) S. 142. — 6) S. 143.

7) S. 143 u. 144.

8) Anm. auf S. 144.

9) Wetzell, System § 46 Note 50 b. und Text dazu; vgl. oben S. 12 Anm. 5.

alle übrigen verurtheilenden Erkenntnisse. Die im Urtheil auf Leistung um Gegenleistung enthaltene Feststellung ist freilich die Feststellung eines zweiseitigen Rechtsverhältnisses, eines solchen, aus welchem Recht und Pflicht für beide Parteien zugleich und in wesentlichem Zusammenhang entspringen; allein diese Feststellung ist doch nur der Grund einer rein einseitigen Verurtheilung. Die Verurtheilung selber gewährt nur dem Kläger eine Befugniss, gibt nur ihm ein Recht auf Vollstreckung[10]); sie ist nur auf die Bestimmung des Willens des Beklagten gerichtet, nur der Beklagte „soll" leisten, freilich nur um Gegenleistung des Klägers; dem Kläger ist die Gegenleistung nicht geboten, seine Gegenleistung „afficirt"[11]) nur den Inhalt der Leistung, welche dem Beklagten geboten ist. Eben darum ist die Nichterfüllung Seitens des Klägers nicht etwa vom Beklagten im Weg der Widerspruchsklage des § 686 der CPO. geltend zu machen, einer Widerspruchsklage, welche sich auf die exceptio non adimpleti contractus gründen würde; vielmehr hat[12]), um die Vollstreckungsclausel zu erlangen, der Kläger den Nachweis der Erfüllung oder der Erfüllungsbereitschaft durch öffentliche Urkunde (etwa über die Hinterlegung der Gegenleistung) zu erbringen, oder auf Ertheilung der Vollstreckungsclausel Klage zu erheben[13]).

---

10) „Dem Verkäufer, welcher auf Klage des Käufers zur Lieferung gegen Zahlung rechtskräftig verurtheilt ist, steht auf Grund dieses Urtheiles die Judikatsklage gegen den Käufer auf Zahlung gegen Lieferung nicht zu." Entscheidungen des Reichsoberhandelsgerichts Bd. 21 Nr. 103. Sehr zu bezweifeln ist dagegen, dass dem verurtheilenden Erkenntniss so weit novirende Kraft zukomme, dass z. B. der verurtheilte Verkäufer bei Verzug des Käufers von dem ihm durch HGB. Art. 354 gewährten Wahlbefugniss nun nicht mehr Gebrauch machen dürfte, wie ROHG. Entscheid. V. S. 345 annimmt.

11) Vgl. Windscheid, Pandekten § 321 Note 2.

12) CPO. § 664. 666. 668. 687.

13) Vgl. CPO. § 779 Abs. 1. Die entgegengesetzte Ansicht der Motive kann gegenüber der Gesetzesbestimmung selbst nicht in Betracht kommen. So auch Fitting, Archiv für civilistische Praxis N. F. XI. S. 436. 437. A. M. z. B. L. Seuffert, Commentar, zu § 779 Bem. 2.

Diese Klage ist nicht Klage auf Leistung, sie ist nur Klage auf Ertheilung der Vollstreckungsclausel, sie ist das Begehren der Exekution auf Grund gerade der Verurtheilung; ihre eventuelle Nothwendigkeit ändert also nichts an der Natur des Erkenntnisses als eines verurtheilenden Erkenntnisses.

Ist demnach die Gegenleistung des Klägers begrifflich nichts anderes als eine Modifikation der Leistung des Beklagten, so ist es juristisch auch gleich, ob die Leistung des Beklagten, ob die Gegenleistung des Klägers nicht liquid steht; begrifflich ist es hier immer doch die Leistung des Beklagten, welche nicht liquid steht. Was folglich in der hier fraglichen Beziehung von dem ersten Beispiel gilt, das muss auch von dem zweiten gelten.

Mit Bezug auf das erste Beispiel fragt Degenkolb: der Spruch auf Leistung der Rückgewähr, „ist er »Verurtheilung«, weil er auf Leistung geht, oder »Feststellung«, weil sich die Rückgewähr in einzelnen, dem Streit noch nicht entrückten Leistungen entfaltet?“ Zunächst darf bezweifelt werden, ob ein Urtheil dieses Inhaltes, wenigstens nach der CPO., als Endurtheil denkbar ist. Das Endurtheil ist seinem Begriffe nach die vollständige Entscheidung über den gestellten Klagantrag; § 230 der CPO. verlangt aber einen bestimmten Klagantrag, und ein Klagantrag, den Beklagten zur Leistung der Rückgewähr schuldig zu erkennen, wäre kein bestimmter Klagantrag. Ein Urtheil dieses Inhaltes wäre aber jedenfalls möglich als Urtheil des § 276 der CPO.: „Ist ein Anspruch nach Grund und Betrag streitig, so kann das Gericht über den Grund vorab entscheiden. Das Urtheil ist in Betreff der Rechtsmittel als Endurtheil anzusehen.“ — Aber es ist auch nur hinsichtlich der Rechtsmittel als Endurtheil anzusehen, seinem Gehalte nach ist es Zwischenurtheil, ein anticipirter Bestandtheil des Endurtheils, ganz wie die Zwischenurtheile des § 275 der CPO.; nur ist ihm aus praktischen Erwägungen hinsichtlich der Rechtsmittel ein selbständiges Dasein verliehen worden. Faktisch kann es allerdings Endurtheil, d. h. das letzte Urtheil eines Processes werden, wenn z. B. die Parteien über den Betrag des geltend gemachten Anspruches einen Vergleich oder einen Schiedsvertrag abschliessen. Sein Gehalt aber kann dadurch nicht berührt werden. Sein Gehalt müsste nothwendig auch dann derselbe sein, wenn es rechtlich als Endurtheil aufzutreten vermöchte, wenn also ein entsprechender Klagantrag zulässig wäre[14]). Hiernach aber ist es weder ganz feststellendes noch ganz verurtheilendes Erkenntniss; es ist vielmehr ein unvollständiges verurtheilendes Erkenntniss. Es ist ein verurtheilendes Erkenntniss; es setzt einen Anspruch auf sachliche Leistung voraus, es spricht den Beklagten zu einer ihrer Art nach bestimmten sachlichen Leistung schuldig; auch sind die Merkmale, nach welchen sich diese Leistung conkret bestimmt, objektiv bereits gegeben. Aber es ist ein unvollständiges verurtheilendes Erkenntniss. Denkbar ist es ja, einen Willen nicht in einer scharf bezeichneten Linie, sondern nur nach einer allgemeineren Richtung zu bewegen, ihm nur die Schranken vorzuschreiben, innerhalb deren er sich zu bewegen habe; das verurtheilende Erkenntniss muss aber nicht bloss die Art, sondern auch das Maass der geschuldeten Leistung bestimmen; es muss die Linie genau bezeichnen, auf welcher die Vollstreckung sich zu halten hat. Eben darum ist jenes Erkenntniss ein unvollständiges verurtheilendes Erkenntniss[15]).

Das dritte Beispiel[16]), an welchem der Gegensatz zwischen feststellendem und verurtheilendem Erkenntniss scheitern soll, ist ein „Feststellungsurtheil mit Exekutionskraft“.

Den „Spruch auf Feststellung einer in laufenden, zum Theil noch der Zukunft anheimfallenden Raten zahlbaren Gesammtschuld“[17]) nenne das Reichsoberhandelsge-

---

14) Für das gemeine Recht: vgl. Wetzell, System Aufl. III. S. 555 u. 556.

15) Keine Feststellungsklage ist daher auch die Präjudicialklage genannte „Universalklage“ auf die Ehescheidungsstrafen, weil sie nicht ein Feststellungsurtheil bezweckt. (Seuffert's Archiv XVIII. 259.)

16) Degenkolb S. 144.

17) Degenkolb S. 143.

richt[18]) Feststellungsurtheil und scheine daraus Exekution auf die einzelnen Raten für den Eintritt der jedesmaligen Fälligkeit zu gewähren. Dass aber aus einem wahren Feststellungsurtheil eine Exekution unmöglich ist, wurde schon oben ausgeführt; die gegentheilige Ansicht lässt sich auch aus der angeführten Entscheidung des ROHG. nicht gerade mit aller Bestimmtheit entnehmen. Ist aus einem Urtheil eine Exekution möglich, so ist es eben kein Feststellungsurtheil, und in Wahrheit ist auch jener Spruch kein Feststellungsurtheil; an seiner Bezeichnung als Feststellungsurtheil darf man sich nicht stossen; offenbare Ungenauigkeiten dieser Art sind in Theorie, Praxis und Gesetzgebung etwas ganz Gewöhnliches[19]). Spricht doch gerade in jener Entscheidung das Reichsoberhandelsgericht aus, für eine Klage auf Anerkennung der Verpflichtung, eine Gesammtsumme in Jahresraten von bestimmtem Betrage zu bezahlen, bestehe das rechtliche Interesse des Klägers darin, dass er sonst genöthigt wäre, jede einzelne Rate nach Verfall derselben besonders einzuklagen, um gleich darauf fortzufahren: „weil ja eine Verurtheilung zur Zahlung vor Verfall — der Regel nach — nicht möglich ist“; also — das erfordert der logische Gegensatz —: in diesem Falle ist ausnahmsweise eine solche Verurtheilung möglich. In Wahrheit ist jenes Erkenntniss ein verurtheilendes, es enthält eine Verurtheilung zu einer fortgesetzten Leistung[20]). Ob eine solche Verurtheilung zulässig, ist ganz vom materiellrechtlichen Standpunkte aus zu entscheiden[21]); es hängt davon ab, ob ein einheitlicher Anspruch auf fortgesetze Leistung möglich ist; ist er möglich, so muss auch die entsprechende einheitliche Verurtheilung möglich sein, dann aber auch eine fortgesetzte Exekution.

---

18) Entsch. Bd. 18 Nr. 15 S. 60.

19) Dies wird aus der späteren Darstellung zur Genüge erhellen.

20) Der Begriff einer fortgesetzten rechtswidrigen Handlung ist dem Strafrechte ja geläufig; vgl. Meyer, Lehrbuch des Deutschen Strafrechts § 72 unter b.

21) Vgl. auch Wetzell, System § 47 N. 103.

Die Möglichkeit einer fortgesetzten Exekution wird in der Theorie z. B. mit Bezug auf Reallasten[22]) bejaht; und ein gesetzliches Beispiel einer Verurtheilung zu fortlaufenden Prästationen liefert das Reichsgesetz betr. die Verbindlichkeit zum Schadenersatz der Eisenbahnen u. s. w. vom siebenten Juni 1871; es bestimmt[23]): „Als Ersatz für den zukünftigen Unterhalt oder Erwerb ist, wenn nicht beide Theile über die Abfindung in Kapital einverstanden sind, in der Regel eine Rente zuzubilligen". Das Erkenntniss auf Leistung einer Rente ist gewiss so wenig Feststellungsurtheil, wie die Klage auf Schadenersatz Feststellungsklage ist, gewiss nicht weniger verurtheilendes Erkenntniss, wie das Erkenntniss auf Leistung einer Kapitalabfindung, und gewiss kann aus der Verurtheilung auf Leistung der Rente beim Eintritt des jeweiligen Fälligkeitstermines unmittelbar die Exekution begehrt werden. Dies zeigt sich auch darin: bei veränderten Verhältnissen kann nach dem Gesetz[24]) der Verpflichtete Aufhebung oder Minderung der Rente fordern, d. h. im Weg der Klage fordern. Diese Klage ist so wenig negative Feststellungsklage, wie das Urtheil positives Feststellungsurtheil ist; für eine solche an keine weiteren Voraussetzungen gebundene negative Feststellungsklage bestände gar kein Bedürfniss. Die Klage ist vielmehr dem Verurtheilten deshalb verliehen, weil dem Kläger durch das Erkenntniss eine unmittelbare Exkutionsbefugniss verliehen ist; die Klage des Verurtheilten ist eine condictio causa finita[25]), und zwar eine Liberationscondiction modernsten Rechtes[26]).

---

22) Von Friedlieb, Jahrb. f. Dogmatik III. S. 312, vgl. S. 315; die Consequenz der Gerber'schen Theorie der Reallasten möchte wohl das Gleiche erfordern; vgl. jedoch Gerber, Lehrbuch des deutschen Privatrechts § 171 N. 2 und 4.

23) § 7 Absatz 1 a. E.

24) § 7 Abs. 2.

25) Vgl. Windscheid, Pandekten II. § 423 N. 12.

26) Im Verlaufe des Abs. 2 cit. werden übrigens die Verhältnisse, um deren Aenderung es sich handelt, abwechselnd als solche bezeichnet, welche für die „Zuerkennung" und als solche, welche für die „Feststellung" der Rente maassgebend gewesen seien.

Wann ist aber, lässt sich nun fragen, das Recht auf fortgesetzte Leistung als verletzt anzusehen? Der einheitliche Anspruch auf fortgesetzte Leistung verlangt auch den einheitlichen Willen, die constans ac perpetua voluntas des Verpflichteten zu der Gesammtheit der einzelnen Leistungen. Kann in Folge der Weigerung einer einzelnen Leistung Verurtheilung auf alle künftigen Leistungen begehrt werden, so muss doch für diese Verurtheilung die Weigerung der einzelnen Leistung als etwas Zufälliges erscheinen, als die zufällige Form, in welcher sich die Verletzung des Rechtes in seiner Gesammtheit äussert; als die eigentliche Rechtsverletzung muss die Weigerung der Gesammtheit der künftigen Leistungen erscheinen, und diese ist möglich, auch ohne dass eine einzelne Leistung fällig ist. Die Praxis hat in der That diese Consequenz gezogen [27]).

In solchen Fällen der Verurtheilung zu fortgesetzter Leistung ist freilich die Vollstreckung ganz oder theilweise hinausgeschoben. Aber hinausgeschoben ist auch nur die Vollstreckung [28]). Der Begriff des verurtheilenden Erkennt-

---

27) Nur so rechtfertigt sich die Entscheidung in Seuffert's Archiv Bd. XIV. Nr. 5: „Wenn der Verpflichtete im Laufe eines Jahres erklärt, dass er eine stipulirte bisher bezahlte jährliche Entschädigungssumme nicht mehr bezahlen werde, so muss es dem Berechtigten freistehen auf Anerkennung und Erfüllung der betreffenden Schuldverbindlichkeit hinsichtlich ihres ganzen Umfanges anzutragen“; vgl. noch Seuffert's Archiv III. 383; auch gehört hierher wohl Seuffert's Archiv XX. 7, wo ausgesprochen wird: „der das Rechtsverhältniss — die vertragsmässige Verpflichtung des Beklagten, den Kläger an den übernommenen Schubfuhren Theil nehmen zu lassen — feststellende Ausspruch fasse auch den Ausspruch über die aus diesem Rechtsverhältniss mit rechtlicher Nothwendigkeit zwischen den Parteien sich ergebenden Folgen, mithin auch die Verurtheilung zur Erfüllung der aus solchen entspringenden Verpflichtungen des Verklagten, sobald Zeit und Bedingung für solche eintreten, in sich.“

28) Dass die Vollstreckung einer rechtskräftigen Verurtheilung bis zum Eintritt eines bestimmten Zeitpunktes oder eines bestimmten Ereignisses hinausgeschoben sei, wird von der CPO. in einer Reihe von Bestimmungen vorausgesetzt; s. § 664. 666. 667. 672. 687; vgl. z. B. hinsichtlich der Wirkung, welche die Einrede der Rechts-

nisses wird dadurch nicht alterirt. Als charakteristisches Unterscheidungsmerkmal bleibt ihm doch seine Richtung auf unmittelbare Bestimmung menschlichen Willens, auch wenn es den Eintritt seiner Wirksamkeit von einem durch es selbst bestimmten künftigen Ereignisse ganz in derselben Weise abhängig macht, wie der in einem Rechtsgeschäft sich äussernde Privatwille seine rechtliche Wirksamkeit selbst zu beschränken vermag [29]).

Verurtheilung zu einer fortgesetzten Leistung kann auch die Verurtheilung zu einer Unterlassung sein. Die Verurtheilung äussert sich hier als aktuelles auf unmittelbare Willensbestimmung gerichtetes Verbot; als solches ist sie unterschieden von der blossen Feststellung eines Rechtsverhältnisses, welches einen künftigen Anspruch auf Unterlassung, ein künftiges Urtheilsverbot dereinst zu erzeugen geeignet ist. Strafandrohung, Bedrohung mit der eventuellen Verurtheilung zur Interesseleistung sind hier die Mittel, welche die Verurtheilung durchzusetzen bestimmt sind; gleichgültig ist aber für die Natur des Urtheils die Beschaffenheit des Zwangsapparates, welcher zu seiner Durchsetzung dienen soll; gleichgültig insbesondere, dass nach CPO. § 778 der Anspruch auf Leistung des Interesse wegen Nichterfüllung des Urtheils durch selbständige Klage geltend zu machen ist. Diese Klage dient

---

wohlthat des Nothbedarfs übt, Windscheid, Pandekten II. § 268 Note 5 und 11.

29) Denkbar, wiewohl nach dem oben Ausgeführten jedenfalls ungerechtfertigt, ist hiernach auch eine eigentlich bedingte Verurtheilung. Gesetzlich zulässig erscheint eine solche nach den Statuten von Lucca, s. Wach, Arrestprocess S. 204 N. 90. Diese construiren den Arrest als anticipirte Exekution nicht eines Sicherungs-, sondern des Hauptanspruches, wenden ihn aber doch auch auf bedingte Forderungsrechte an, und lassen folglich auch Einklagung und Aburtheilung bedingter Forderungsrechte zu. Da nun die anticipirte Exekution als die Exekution des nachfolgenden Erkenntnisses gedacht, und nur ihr definitiver Vollzug durch die Bedingung suspendirt ist, so muss dieses Erkenntniss auch als verurtheilendes und kann nicht als bloss feststellendes gedacht werden. Eine bedingte Verurtheilung ist doch immer etwas Anderes als die Feststellung eines bedingten Rechtsverhältnisses.

doch nur der Liquidation der eventuellen Verurtheilung zum Ersatze des Interesse, welche im Erkenntnisse selbst stillschweigend mitenthalten ist. Diese eventuelle Verurtheilung ist überall da im verurtheilenden Erkenntnisse mitenthalten, wo der primäre Inhalt der Verurtheilung nicht direkt erzwungen werden kann; dies äussert sich auch darin, dass es keine Klagänderung ist, wenn schon im Laufe des Processes statt des ursprünglichen Gegenstandes das Interesse gefordert wird [30]).

Es gibt aber Ansprüche und Verurtheilungen nicht bloss auf fortgesetzte Unterlassung, sondern auch auf Unterlassung einer bestimmten einmaligen Handlung. Die Verurtheilung zu einer solchen Unterlassung ist nach der hier in Betracht kommenden Seite hin nicht anders geartet als die Verurtheilung zu einer fortgesetzten Unterlassung.

Jedoch sind Verurtheilung zu einer Unterlassung und Feststellungsurtheil leicht zu verwechseln und werden zuweilen in der Praxis verwechselt.

Das Reichsoberhandelsgericht lässt Klagen eines Aktionärs auf Ungültigkeitserklärung eines Beschlusses der Generalversammlung der Regel nach ohne Weiteres zu; der Klagantrag fordere, „einen Beschluss, der an sich als Willensbethätigung der Gesammtheit der Aktionäre aufzufassen wäre, und als solche den Dissens des einzelnen Aktionärs zu absorbiren, sowie die getroffenen Maassregeln jedem Widerspruch zu entziehen geeignet scheinen könnte, dieses Charakters zu entkleiden“ [31]); und ein solcher Antrag dokumentire, der Regel nach, schon ohne Weiteres das erforderliche rechtliche Interesse, er beanspruche implicite die Enthaltung von der Ausführung der beschlossenen Maassnahmen [32]). Ist aber nun der Antrag implicite hierauf gerichtet, und beruht gerade darin das rechtliche Interesse an der Klage, so ist die Klage eben nicht Feststellungsklage, und das darauf ergehende Urtheil folglich auch nicht

---

30) CPO. § 240.

31) Entsch. d. ROHG. Bd. XXIII. S. 279; vgl. die weiteren Nachweisungen auf S. 275.

32) A. a. O. S. 275.

Feststellungsurtheil; Klage und Urtheil sind vielmehr auf eine Unterlassung gerichtet; für die Verurtheilung zu Unterlassung ist es durchaus nicht wesentlich, dass das Urtheil selbst ein Strafverbot[33]) enthalte, und nicht für die Klage auf Unterlassung, dass sie auf Erlassung eines Strafverbotes im Urtheile selbst gerichtet sei. Ohnehin ruht, wo die Unterlassung einer einzigen bestimmten Handlung zu bewirken ist, der Hauptnachdruck auf der eventuellen Verurtheilung zur Interesseleistung. So gut aber die Ausführung eines ungültigen Beschlusses der Generalversammlung für den Aktionär, welcher dadurch in seinem Einzelrecht verletzt ist, einen Anspruch auf Schadenersatz hervorruft, so gut ruft der Beschluss selbst für ihn einen Anspruch auf Unterlassung der Ausführung hervor, gerichtet gegen die Organe der Gesellschaft, welche zur Ausführung der Gesellschaftsbeschlüsse an sich verpflichtet sind. Sofern der materiell ungültige Beschluss seiner äusseren Erscheinung nach als die Gesellschaftsorgane verpflichtender auftritt, sofern er von diesen als bindend anerkannt wird, insofern ist der Beschluss selber eine Verletzung des Einzelrechtes des Aktionärs; es ist das Einzelrecht des Aktionärs, welches gegen diese Verletzung reagirt[34]).

Die Gesammtheit der Einzelbefugnisse des Aktionärs, sein Mitgliedrecht als Ganzes beruht auf dem Statut; und wie durch einen Einzelbeschluss der Gesellschaft sein Einzelrecht, ganz ebenso kann durch den Beschluss einer Statutenänderung sein Mitgliedrecht als Ganzes verletzt werden, und ist ihm, zu dessen Schutz, eine quasinegatorische Klage [35]) — nicht Feststellungsklage — zu gewäh-

---

33) Vgl. auch CPO. § 775 Abs. 2.

34) Der Fall liegt genau so wie der in den Entsch. d. ROHG. Bd. XIV. Nr. 131 mitgetheilte, wo ein Mitrheder gegen die anderen Klage auf Ungültigkeitserklärung eines Rhedereibeschlusses und Unterlassung seiner Ausführung erhebt.

35) Vgl. von den Anführungen a. a. O. S. 275 z. B. ROHG. Entsch. Bd. XVII. Nr. 35. Hierher gehört auch Entsch. Bd. XI. Nr. 48: „Klage auf richterliche Entscheidung, dass Kläger als Mitglied der grossen Vereinssterbekasse von Berlin von weiteren Einzahlungen befreit sei.“ Zur Vergleichung mag endlich noch dienen

ren. Ein besonderes Recht des Aktionärs bildet diese Klage nicht mehr und nicht weniger als jede andere actio im Verhältniss zu dem Rechte, dessen Schutze sie dient [36]).

§ 6. Grenzfälle.

Die eigenthümliche Natur der Feststellungsklage, wie sie durch den behaupteten Gegensatz zwischen feststellendem und verurtheilendem Erkenntniss bedingt ist, hat sich besonders in einer Reihe von Grenzfällen zu bewähren, d. h. von solchen rechtlichen Erscheinungen, welche, ohne selbst Feststellungsklagen zu sein, doch hart an der Grenze des Begriffs derselben liegen, und welche denn auch zum Theil als Feststellungsklagen zu cursiren pflegen.

Eine besondere Gruppe sogenannter Anerkennungsklagen liefert das moderne Grundbuch- und Hypothekenrecht.

Nach dem Gr.-Hessischen Ingrossationsgesetz vom 21./2. 1852 bedarf in mehreren bestimmten Fällen der Erwerbstitel zu seinem die dingliche Wirkung erzeugenden Eintrag in das Grundbuch ausdrücklicher Anerkennung der Betheiligten; das Vermächtniss der Anerkennung des Beschwerten [1]), das Testament der Anerkennung des nächsten gesetzlichen Erben [2]); die Ersitzung (soweit eine solche noch unabhängig vom Grundbuchseigenthum möglich ist)

Entsch. Bd. XVII. Nr. 28: Klage eines zum Verwaltungsrath gewählten Aktionärs gegen Direktion und Verwaltungsrath auf Anerkennung und Einberufung; ihr Zweck ist Durchsetzung eines persönlichen Anspruchs, nicht blosse Feststellung.

36) Thöl, Handelsrecht 5. Aufl. Bd. I. Abth. 1 S. 491 (§ 161 III. 11) führt als besonderes Einzelrecht des Aktionärs das Recht auf, ungültige Beschlüsse der Generalversammlung anzufechten. Die Natur dieser Klagen, welche so ganz auf der eigenthümlichen Natur und Organisation der Personengesammtheit beruhen, dürfte wohl einer eingehenderen Untersuchung werth und bedürftig sein; hier war indessen nur soviel hervorzuheben, dass sie nicht als Feststellungsklagen gelten können; Thöl scheint derselben Meinung zu sein, wenn er sie als auf „Anfechtung“ gerichtet bezeichnet.

1) Art. 8.

2) Art. 12.

der Anerkennung des früheren Eigenthümers[3]). In diesen und in allen anderen Fällen, in welchen zur Erwirkung der zum Eintrag nothwendigen gerichtlichen Bescheinigung die Anerkennung der Gültigkeit des Erwerbtitels Seitens „betheiligter" Personen erfordert wird, ist der Erwerber, wenn ihm die Anerkennung seines Erwerbtitels geweigert wird, darauf verwiesen, beim Gerichte der belegenen Sache Klage auf Anerkennung zu erheben. Derartige Klagen werden denn auch in der Hessischen Praxis schlechthin als Anerkennungsklagen bezeichnet[4]).

Analoge Klagen auf Anerkennung eines durch letztwillige Verfügung begründeten Hypothektitels, auf Anerkennung des Löschungsgrundes einer Hypothek werden im Gr.-Hessischen Hypothekengesetz von 1858 vorausgesetzt[5]).

Ebenso kennt das Hannöver'sche Hypothekengesetz einen Anspruch auf „Anerkennung" eines Hypothektitels[6]).

Nach Bayrischem Hypothekenrecht[7]) hat „die Vernehmung des durch das Eintragungsgesuch in seinen Rechten Bedrohten nur einen formalen Zweck — nämlich das Recht auf Eintragung zweifellos zu stellen; das Hypothekenamt kann hierüber nach Vorschrift des Gesetzes nur durch das Anerkenntniss des Betheiligten Gewissheit erlangen, welches im Verweigerungsfalle durch das richterliche Urtheil ergänzt wird." „Ist[8]) die (durch Hypothek) zu sichernde Forderung noch nicht ziffermässig bestimmt, so hat dies in Ermangelung einer gütlichen Feststellung der Parteien durch ein richterliches Urtheil zu geschehen." „Widerspricht[9]) der Eigenthümer (dem Gesuch um Eintragung einer auf mündliches Vermächtniss sich gründenden Hypothek), so ist der Gesuchsteller behufs Anerkennung seines Rechtes auf den Process zu verweisen."

---

3) Art. 14.

4) Vgl. z. B. Archiv für praktische Rechtswissenschaft IX. S. 292 N. F. VII. S. 184. 189. 192. IX. S. 201.

5) Art. 29. 165.

6) § 77 vgl. v. Bar, Hannöver'sches Hypothekenrecht (in Meibom's Sammlung der Hypothekenrechte) S. 76.

7) Regelsberger, Bayrisches Hypothekenrecht S. 121.

8) A. a. O. S. 212. — 9) A. a. O. S. 265 Anm.

Für das Oesterreichische Hypothekenrecht[10]) wird als jedem rechtlich Interessirten zuständige Präjudicialklage eine „Löschungsklage aus dem Grunde materieller Ungültigkeit“ construirt.

Es wäre nicht schwer, die Beispiele zu mehren.

Nun ist freilich der Gedanke des Gesetzes der: das dem Eintrag zu Grunde liegende Recht soll festgestellt sein, bevor der Eintrag thatsächlich vollzogen wird. Aber etwas Anderes ist doch das Ziel des Gesetzes, etwas Anderes das Ziel der Klage auf Grund des Gesetzes. Nachdem das Gesetz den Vollzug des Eintrages von der Anerkennung der Betheiligten abhängig gemacht hat, bildet nun die Weigerung der Anerkennung ein zu überwindendes rechtliches Hinderniss für den Vollzug des Eintrages. Das Recht auf Eintrag erzeugt daher nothwendig den Anspruch auf Mitwirkung zum Eintrag gegen die Betheiligten. Dieser Anspruch kann ein dinglicher oder ein persönlicher sein; insbesondere hat die Klage des Eintrag begehrenden Civileigenthümers gegen den Bucheigenthümer den Charakter einer rei vindicatio[11]); zum Vollgenuss seines Eigenthums ist dem Eigenthümer der Eintrag nicht minder wesentlich als der Besitz, und der Bucheigenthümer, der als solcher die formelle Dispositionsbefugniss über das Grundstück hat, verletzt das Eigenthum des Klägers nicht minder als derjenige, der faktisch in Folge seines unberechtigten Besitzes über das Grundstück zu disponiren in der Lage ist. Die Anerkennung seines Rechtes auf Eintrag begehrt in allen diesen Fällen der Kläger in keinem anderen Sinne, als jeder Kläger mit der Verurtheilung des Beklagten die Anerkennung seines Rechtes begehrt[12]). Auf Grund des der Klage entsprechenden Erkenntnisses wird allerdings, ohne Mitwirkung des Beklagten, der begehrte Eintrag voll-

---

10) Von Exner, Oesterreichisches Hypothekenrecht S. 99 ff. s. insbes. S. 93 Anm. 2, Publicitätsprincip S. 115.

11) Dernburg-Hinrichs, Preussisches Hypothekenrecht I. S. 255 ff.

12) Vgl. auch Meibom, Mecklenburgisches Hypothekenrecht S. 110. 112. Regelsberger a. a. O. S. 208. 316. Römer, Württembergisches Hypothekenrecht S. 121 u. s. w.

zogen; aber das heisst gerade: das Erkenntniss ist Motiv der Eintragung für die Buchbehörde, die Buchbehörde ist die vollstreckende Behörde, das Erkenntniss verurtheilendes Erkenntniss. Nicht die Anerkennung als solche, sondern durch die Anerkennung der Eintrag war der Zweck, welchen die Klage verfolgt hat [13]).

Als Anerkennungsklage [14]) wird endlich auch die Klage auf Bestätigung einer Buchvormerkung construirt, da sie auf Rechtfertigung des vorläufigen Eintrages gehe. Die Vormerkung ist nun freilich nichts anderes als die anticipirte Exekution des Anspruches auf Eintrag; sie ist eine arrestatorische Maassregel, und zwar im Sinne desjenigen Arrestsystems [15]), welches den Sicherungsarrest als die anticipirte Exekution des Hauptanspruches construirt; allein durch blosse Anticipation der Vollstreckung kann die Natur des Anspruches keine andere werden; ob die Exekution vor oder hinter die Klage fällt, sie bezweckt doch immer nur die Erfüllung des Klaganspruches. Ist die Klage auf Gewährung des Eintrages an sich keine Anerkennungsklage, so wird sie es auch nicht durch eine Vormerkung. Was die Klage auf Bestätigung der Vormerkung

---

13) Die Klagbitte wird daher sachentsprechender auf Gewähr des Eintrages (Geschehenlassen des Eintrages und Aehnl., vgl. auch Dernburg-Hinrichs a. a. O.) zu richten sein (s. auch CPO. § 658). Also auch nicht Anerkennung des Löschungsgrundes als solche, sondern durch dieselbe der Löschungseintrag ist es, den die Löschungsklage begehrt; sie ist daher, ob sie nun auf einem dinglichen oder einem persönlichen Rechte beruht, keine Präjudicialklage; vgl. v. Bar a. a. O. S. 125, Regelsberger a. a. O. S. 481; insbesondere ist die Klage des Eigenthümers auf Löschung eines materiell ungültigen Hypothekeneintrags, dem die „dingliche Grundlage" mangelt (Regelsberger a. a. O. S. 482) nichts anderes als eine actio negatoria; das wenn auch nur formelle Bestehen des Hypothekeneintrages ist unzweifelhaft eine sehr erhebliche Eigenthumsbelästigung; vgl. Meibom a. a. O. S. 86 ff., Dernburg-Hinrichs a. a. O. und insbes. Regelsberger a. a. O. S. 482, welcher mit Entschiedenheit betont, dass hier zu einer Klage auf Anerkennung kein Bedürfniss vorliege.

14) Von Exner a. a. O. S. 204—208.

15) Wach, Arrestprocess S. 167. 177. 199 ff.

bezweckt, das ist nicht die Anerkennung des Eintragrechtes als solche, sondern durch diese der definitive Eintrag[16]).

Sehr nahe liegt freilich der Trugschluss: „weil nicht Vollstreckung, darum Anerkennungsklage"; dies möge noch an einem der neueren Praxis angehörigen Falle gezeigt werden[17]). Kläger behauptet, dass ihm von seinem Schwiegervater auf Grund eines mit der beklagten Gutsherrschaft bestehenden Pachtvertrages das Pachtgut auf Lebenszeit übergeben worden sei; die Beklagte wolle ihn, den Kläger, nur als Unterpachter seines Schwiegervaters auf dessen Lebzeiten gelten lassen; Kläger bittet daher zu entscheiden, dass die Beklagte den fraglichen Pachtvertrag (auf die Lebensdauer des Klägers) anzuerkennen schuldig sei. Diese Klage wird, der Klagbitte entsprechend, von den beiden unteren Instanzen als Anerkennungsklage behandelt; die oberste Instanz[18]) erkennt richtig, dass die Klage auf Erfüllung des Pachtvertrages gerichtet, nicht eigentliche Anerkennungsklage sei; „Kläger verlange, das Pachtobjekt, die Mühle, in deren Genuss er sich nach Behauptung der Beklagten bloss als Unterpachter seines Schwiegervaters und zwar bloss auf dessen Lebenszeit befinde, solle ihm kraft des im Jahre 1828 abgeschlossenen Pachtvertrages in seiner Eigenschaft als Pachter auf Lebenszeit übergeben werden." In der That ist dem Kläger das uti frui licere, die Erfüllung des behaupteten Pachtvertrages, von der Gutsherrschaft nicht prästirt; von seinem Schwiegervater hat der Kläger das Pachtgut nicht als Unterpachter erhalten, und die von seinem Schwiegervater geschehene Uebergabe

16) Es bekundet einen sehr feinen juristischen Takt, wenn das Sächsische Recht, wie oben S. 24 dargelegt wurde, dem Lehnsmanne in den Fällen, in welchen es ihm das Recht zur unmittelbaren Besitzergreifung des Lehensgutes gewährt, dafür aber die Pflicht der Rechtfertigung auferlegt, für diese Rechtfertigung doch nicht den Beweisvorzug einräumt, welchen die Gewere verleiht; damit ist ausgedrückt, dass der Anspruch des Mannes seinem rechtlichen Wesen nach Anspruch auf E r l a n g u n g des Besitzes ist und durch die Anticipation der Vollstreckung in seinem Wesen nicht berührt worden ist.

17) S e u f f e r t's Archiv III. 305.

18) Das OAG. Stuttgart.

wird von der Beklagten nicht als für sie geschehen anerkannt; der Kläger hat zwar faktisch im Augenblick das uti frui, aber nicht das uti frui licere Seitens der Gutsherrschaft. Freilich wird das dem Kläger günstige Erkenntniss, eben weil der Kläger sich faktisch im Genuss des Pachtobjektes befindet, zu seiner Realisirung keines Thuens der Beklagten und keiner Vollstreckung bedürfen; es wird ihrer deshalb nicht bedürfen, weil der äussere faktische Erfolg der begehrten Leistung vom Kläger bereits anticipirt ist; „keine Exekution" bedeutet hier „keine Exekution mehr", weil ihr Erfolg bereits anticipirt ist[19]).

Nicht minder unrichtig ist der Schluss: „weil keine civilprocessuale Exekution, darum Feststellungsurtheil und darum Feststellungsklage." Nach der Bestimmung des Reichsgesetzes über den Markenschutz vom 30. November 1874[20]) kann der zur ausschliesslichen Führung einer Schutzmarke Berechtigte gegen denjenigen, welcher unwissentlich sein Recht verletzt, Klage darauf erheben, dass derselbe „für nicht berechtigt erklärt werde, diese Bezeichnung zu gebrauchen — so bezeichnete Waaren in Verkehr zu bringen oder feil zu halten". Dieser richterliche Ausspruch, dass der Beklagte „für nicht berechtigt erklärt werde", enthält nothwendig das richterliche Verbot, die Marke ferner zu führen; „denn weder wollen die Worte erlauben, noch bedeutungslos sein" [21]). Ein Feststellungsurtheil ist dieser Ausspruch, eine Feststellungsklage die darauf gerichtete Klage auch dann nicht[22]), wenn man in jenen Gesetzesworten den gesetzgeberischen Willen [23]) genügend ausgedrückt findet, „den Weg der civilrechtlichen

---

19) Sachentsprechender wäre also die Klagbitte zu richten gewesen auf Verurtheilung der Beklagten, dem Kläger den lebenslänglichen Genuss des Pachtgutes zu prästiren.

20) § 13; vgl. Thöl, Handelsrecht 5. Aufl. Bd. I. Abth. 2 S. 28. 29 § 209 V. 1.

21) Thöl a. a. O. S. 28.

22) Dies behaupten Endemann und Meves in ihren Commentaren zum Gesetz; vgl. Thöl a. a. O. Note 34. 35.

23) Speciell den Willen des Reichstages; vgl. Thöl a. a. O. Note 36.

Exekution auszuschliessen". Denn ist dies der Wille des Gesetzgebers gewesen, so muss es zugleich sein Wille gewesen sein, die civilrechtliche Exekution durch das Strafverfahren zu ersetzen; dann muss es nach dem Willen des Gesetzgebers für den Strafrichter feststehen, dass zufolge des civilrechtlichen Urtheils der Beklagte an sich schuldig sei, die Führung der Marke zu unterlassen, dann muss kraft Gesetzes das civilrechtliche Erkenntniss für das Strafverfahren maassgebend sein, aber nicht sofern es Feststellung, sondern sofern es Verurtheilung ist; dann muss das Strafverfahren der Durchsetzung des Civilurtheiles dienen, die Exekution des Urtheilsverbotes sein; — sonst wäre das Urtheil völlig bedeutungslos. Auf das Wesen des Urtheils kann es aber nicht rückwirken, wenn das seiner Vollstreckung dienende Verfahren als besonderes Strafverfahren gestaltet ist[24]).

Als Typus einer anderen in sich abgeschlossenen Gruppe von Pseudofeststellungsklagen mag die Feststellungsklage des § 134 der Reichskonkursordnung gelten:

„Den Gläubigern streitig gebliebener Forderungen bleibt überlassen, die Feststellung derselben gegen die Bestreitenden zu bestreiten.

Auf die Feststellung ist im ordentlichen Verfahren Klage zu erheben."

„Soweit[25]) durch ein Urtheil rechtskräftig eine Forderung festgestellt oder ein Widerspruch für begründet erklärt ist, wirkt dasselbe gegenüber allen Concursgläubigern."

Der Gedanke des Gesetzes ist allerdings der: weil im Konkurs jede Forderung die Befriedigung einer anderen beschränkt, so soll keine Forderung zur konkursmässigen

---

24) Freilich wird im Strafverfahren der Beklagte von allen Vertheidigungsgründen Gebrauch machen können, welche nach dem Urtheil entstanden sind; s. Thöl a. a. O. N. 35 a. E.; das heisst doch aber nur: das in dem Urtheil enthaltene Verbot kann durch spätere Ereignisse unwirksam werden, gerade so, wie jedes andere Verbot, welches im Urtheil selber förmlich ausgesprochen und mit Strafandrohung versehen ist.

25) KO. § 135.

Befriedigung gelangen, bevor sie nicht von den Betheiligten freiwillig anerkannt, oder gegenüber ihrem Widerspruch durch richterliches Urtheil festgestellt ist. Allein etwas Anderes ist der Zweck des Gesetzes, etwas Anderes der Zweck der Klage auf Grund des Gesetzes. Weil das Gesetz will, dass jede Konkursforderung, um zu ihrer konkursmässigen Befriedigung zu gelangen, gegenüber dem Widerspruch der Betheiligten durch richterliches Urtheil festgestellt werde, darum hemmt kraft des Gesetzes der Widerspruch der Betheiligten die konkursmässige Befriedigung jeder Konkursforderung so lange, bis er durch richterliches Urtheil für unbegründet erkannt worden ist, und schliesst sie aus, so bald er durch richterliches Urtheil für begründet erkannt worden ist[26]), darum ist eben der Widerspruch der Betheiligten das rechtliche Hinderniss, welches jede Konkursforderung überwinden muss, um zu der ihr gebührenden Befriedigung im Konkurse zu gelangen. Nicht die Feststellung als solche ist es, die der Gläubiger begehrt, wenn er die Klage des § 134 der KO. erhebt, sondern durch die Feststellung die ihm gebührende Theilnahme am Konkurs, wie sie formell sich in dem definitiven Ansatz in der Gläubigertabelle äussert[27]). Seinen Konkursanspruch bringt er zur Geltung, welchem der Widerspruch hindernd in den Weg getreten ist[28]). Das erstrebte Urtheil schafft ihm die Theil-

---

26) Vgl. KO. § 140. 155. 156. — 135. 153.

27) KO. § 133. Nach der Instruktion zur Preussischen Konkursordnung erscheint denn auch durchaus richtig das auf die Konkursfeststellungsklage ergehende Urtheil nicht allein auf die Feststellung, sondern auch auf die Ansetzung der bestrittenen Forderung in der Tabelle mit dem festgestellten Vorzugsrechte und in der festgestellten Höhe gerichtet; s. Sarwey, Commentar zu KO. § 134.

28) Dies äussert sich in bedeutenden Consequenzen. Zuständig ist für die Klage nicht das für die Klage auf Erfüllung oder Feststellung der Forderung zuständige Gericht, sondern das Konkursgericht oder das Landgericht, zu dessen Bezirk das Konkursgericht gehört; KO. § 134 Abs. 2; und zwar das Landgericht nur als dem Konkursgericht übergeordnetes Gericht, niemals die Kammer für Handelssachen. Maassgebend für die sachliche Zuständigkeit ist nicht der eigentliche Werth des Streitgegenstandes, sondern derjenige, welcher mit Rücksicht auf das Verhältniss der Theilungs-

nahme am Konkurse dadurch, dass es bestimmend wirkt auf den Willen der Konkursorgane.

Den Fall eines concursus creditorum regelt auch das Vertheilungsverfahren in der Exekutionsinstanz. „Das Vertheilungsverfahren tritt ein, wenn bei der Zwangsvollstreckung in das bewegliche Vermögen ein Geldbetrag hinterlegt ist, welcher zur Befriedigung der betheiligten Gläubiger nicht hinreicht[30].“ Bei der Ausführung des gerichtlichen Vertheilungsplanes kann ein gegen denselben erhobener und nicht freiwillig als begründet anerkannter Widerspruch nur dann Berücksichtigung finden, wenn der widersprechende Gläubiger binnen bestimmter Frist gegen die Betheiligten Klage erhebt[31]. Diese Klage erscheint formell darauf gerichtet, dass der erhobene Widerspruch für begründet erklärt werde[32]; materiell aber ist sie ganz gleichartig der Konkursfeststellungsklage des § 134 KO.; denn der Widerspruch des Gläubigers gegen den gerichtlichen Vertheilungsplan ist nichts anderes als Geltendmachung seines Betheiligungsanspruches im Widerspruch mit dem Vertheilungsplan. Deutlich tritt hier die wahre Natur der Klage im Urtheil hervor. „In dem Urtheil, durch welches über einen erhobenen Widerspruch entschieden wird, ist zugleich zu bestimmen, an welche Gläubiger und in welchen Beträgen der streitige Theil der Masse auszuzahlen sei[33].“

Das ganz getreue negative Gegenbild dieser Klage zeigt uns § 56 des Gesetzes über die eingetragenen Ge-

zur Schuldenmasse von dem Processgericht nach freiem Ermessen zu bestimmen ist; KO. § 136. Grund der Klage kann auch ein bedingtes oder betagtes Forderungsrecht sein, insofern ein solches einen Konkursanspruch verleiht; KO. § 60. 155 Z. 2. — 58. — Natürlich bildet jeder einzelne Widerspruch ein besonderes Hinderniss der Theilnahme am Konkurs, und gilt daher die Forderung erst dann als „festgestellt“, wenn jeder einzelne Widerspruch beseitigt ist.

29) CPO. Buch VIII. Tit. 3.

30) CPO. § 758.

31) CPO. § 762. 764.

32) CPO. § 766 „Urtheil — durch welches über einen erhobenen Widerspruch entschieden wird.“

33) CPO. § 766.

nossenschaften vom 4. Juli 1868. Auch die Klage dieses Paragraphen bezweckt die Geltendmachung eines gegen einen gerichtlichen Vertheilungsplanes erhobenen Widerspruches, Gegenstand der Vertheilung sind aber hier nicht Rechte sondern Pflichten; der Vertheilungsplan soll die Verpflichtungen der Genossenschaft auf die Einzelnen vertheilen. Kläger ist nicht ein Mitberechtigter sondern ein — durch den exekutorischen Vertheilungsplan — formell Mitverpflichteter. Die Klage bezweckt vermittels des Urtheils nicht die Befriedigung einer Forderung, sondern die Befreiung von einer Verpflichtung.

Gehemmt wird die Befriedigung einer Forderung im Falle des § 72 CPO. dadurch, dass ein Dritter nicht bloss ihr widerspricht, sondern zugleich sie für sich beansprucht. „Wird von dem verklagten Schuldner einem Dritten, welcher die geltend gemachte Forderung für sich in Anspruch nimmt, der Streit verkündet, und tritt der Dritte in den Streit ein, so ist der Beklagte, wenn er den Betrag der Forderung zu Gunsten der streitenden Gläubiger gerichtlich hinterlegt, auf seinen Antrag aus dem Rechtsstreite zu entlassen und der Rechtsstreit über die Berechtigung an der Forderung zwischen den streitenden Gläubigern allein fortzusetzen." Nach der Hinterlegung des Anspruchsgegenstandes besteht ein Streit nur noch unter den Anspruchsprätendenten über ihre Berechtigung. Aber nicht die Feststellung seiner Berechtigung, sondern durch dieselbe die Anspruchserfüllung ist es, welche jeder der Prätendenten für sich begehrt; die Erhebung derselben Ansprache Seitens des einen Prätendenten ist für den anderen das rechtliche Hinderniss, welches er zu überwinden hat, um zu seinem Ziele zu gelangen; überwinden kann er es nur dadurch, dass er die Feststellung seiner Berechtigung bewirkt; das eigentliche Ziel des Streites aber offenbart sich im Urtheil: „dem Obsiegenden ist der hinterlegte Betrag zuzusprechen". Die Ansprache von Seiten des anderen Prätendenten hatte die Kraft, die Erfüllung des Anspruches zu hemmen, nur dadurch, dass das Recht ihr diese Kraft verlieh; indem das Recht der als unbegründet erkannten Ansprache diese Kraft entzieht, ist das Hemmniss überwunden.

Dieser Erscheinung dem Wesen nach ganz gleichartig ist die sogenannte Hauptintervention, wie sie CPO. §61 darstellt. Die Hauptintervention bringt wie den Beklagten so auch den ersten Kläger als solchen in Parteiposition zu dem Intervenienten; in Folge dieser Processgestaltung kann nun der Intervenient seinen Anspruch gegen den Beklagten nur so durchsetzen, dass er ihn auch gegenüber dem ersten Kläger durchsetzt; nicht die Feststellung seines Rechtes als solche gegenüber der Person des ersten Klägers ist es, die der Intervenient begehrt, sondern durch die Feststellung die Durchsetzung seines Anspruches gegen den Beklagten mittels eines auch gegen den ersten Kläger wirksamen Urtheils. Freilich hat die Klage des Intervenienten eine andere Richtung gegen den ersten Kläger, als gegen den Beklagten; reine Präjudicialklage[34]) aber ist sie darum nicht.

Unter ähnlichem Gesichtspunkt ist die gleichfalls so genannte direkte Präjudicialklage mehrerer Forderungsprätendenten unter einander zu beurtheilen. Ist die Berechtigung an einer Forderung unter mehreren Prätendenten streitig, so darf man Eines unzweifelhaft dem freiwillig erfüllenden Schuldner nicht versagen[35]); dass er nämlich nur unter Vorbehalt erfülle; durch diesen Vorbehalt wird der Leistungsempfänger dem Schuldner, wenn dieser ihm auf die Klage eines anderen Forderungsprätendenten hin den Streit verkündigt[36]), zur Vertheidigung, mit allen rechtlichen Wirkungen der Streitverkündigung[37]), verpflichtet, also auch an sich[38]) zur Rückleistung des Empfangenen, wenn das Urtheil dem Kläger günstig ist. Eine so beschaffene Erfüllung aber ist nicht ganze Erfüllung; der Gläubiger hat an sich ein Recht auf vorbehaltlose Erfüllung; andererseits aber ist der (ausdrückliche oder still-

34) Als solche wird sie z. B. bezeichnet von Bruns, Besitzklagen S. 5 a. E. des ersten Absatzes; weitere, insbesondere historische Ausführungen muss ich mir vorbehalten.

35) Ob nicht auch noch mehr, darüber s. Windscheid, Pandekten, Bd. II. § 334 N. 2.

36) CPO. § 69.

37) CPO. § 71.

38) CPO. § 65.

schweigende) Vorbehalt ein Recht des Schuldners. Bei dieser Lage der Sache gelangt der Gläubiger nur so zur vollen Befriedigung, dass er den anderen Prätendenten zwingt, die Behauptung des eigenen Anspruchs aufzugeben zu Gunsten seines, des Gläubigers, Anspruchs. Degenkolb [39]) hebt mit Recht hervor, dass die hier „postulirte Anerkennungsklage durchgreifend nur unter Hinzunahme der weiteren nicht unbedenklichen Voraussetzung einer über die Parteien hinausreichenden, auch den Schuldner mit ergreifenden Rechtskraft des Urtheils helfe" [40]). Das den Streit der Prätendenten entscheidende Erkenntniss kann in der That gegenüber dem an diesem Streite ganz unbetheiligten Schuldner an sich Rechtskraft nicht erlangen [41]). Soweit es Feststellung ist, soweit ist es nur unter den Parteien wirksam. Aber es ist nicht blosse Feststellung; seinem vollen, wahren Gehalte nach ist es verurtheilendes Erkenntniss. Was der Forderungsprätendent gegenüber dem Forderungsprätendenten klagend begehrt, das ist nicht die Feststellung seines Forderungsrechtes als solche, sondern durch dieselbe eine Unterlassung des Gegners. Die Beanspruchung der Forderung Seitens des Gegners war es, welche die volle Befriedigung der Forderung hemmte; dieses Hemmniss wegzuräumen, ist der wahre Zweck der Klage gewesen; die Geltendmachung der Forderung gegen den Schuldner soll künftig der Gegner, in des Klägers Interesse, zu seinen Gunsten, unterlassen. Soweit das Erkenntniss

---

39) Einlassungszwang S. 229.

40) Bekker, Aktionen II. S. 256 N. 11, auf welchen verwiesen wird, nimmt, soweit ich ihn verstehe, an der Rechtskraft des Urtheils gegenüber dem Schuldner keinen Anstand.

41) Nur dann, wenn es der Schuldner ausdrücklich oder stillschweigend als für ihn bindend anerkannt hätte; das Letztere ist aber natürlich nicht nothwendig; es ist z. B. ja möglich, dass der Schuldner dem einen Prätendenten gerade deshalb die Erfüllung unbedingt weigert, weil er persönlich von der Berechtigung des anderen die volle Gewissheit hat. Dann kann der Gläubiger freilich auch durch eine Klage gegen den Schuldner zu seinem Ziele gelangen; aber weil ihm dieser Weg offen steht, darum ist ihm der andere — die Klage gegen den anderen Prätendenten — nicht verschlossen.

diese Verurtheilung enthält, soweit wirkt es nothwendig für und gegen den Schuldner. Seine Wirksamkeit gegenüber dem Schuldner ist die Reflexwirkung [42]) der darin enthaltenen Verurtheilung [43]).

Wenn demnach auch auf ein Forderungsrecht, welches seiner Natur nach nur gegen den schuldnerischen Willen gewendet ist, unter Umständen sich eine Klage auch gegen einen Dritten gründen kann, — so ist für diese Erscheinung die von Bähr [44]) gewählte Bezeichnung „quasi-negatorische Klage" durchaus zutreffend.

Von quasi-negatorischen Klagen kann man auch da reden, wo ein Dritter nicht der Ausübung, sondern dem Anspruch auf Erwerb eines Rechtes hemmend in den Weg tritt; so z. B. wenn der um Beleihung mit einem Bergwerksrechte Nachsuchende zur Ueberwindung des gegen die Beleihung erhobenen Widerspruchs vom Gesetze auf den Weg der Civilklage verwiesen ist.

Der § 30 der deutschen Strandungsordnung [45]) möge noch zum Beschlusse dieser Klagengruppe zeigen, wie durch die technisch verschiedensten Mittel der gleiche praktische Zweck erreicht werden kann; er bestimmt: „Wenn die Berechtigung zum Empfang (der geborgenen Güter) streitig ist, so bestimmt das Strandamt (welches dieselben in Verwahrung hat) denjenigen, gegen welchen die sonst angezeigten Ansprüche im Wege der Klage auszuführen sind. Diesem steht auch die Befugniss zu, gegen Leistung der vom Strandamte zu bestimmenden Sicherheit die Auslieferung der geborgenen Gegenstände zu verlangen [46])."

---

42) Nach einem Ihering'schen Ausdruck.

43) Mit Recht wird darum auch in Seuffert's Archiv XIII. 19 die Klage eines Forderungsprätendenten gegen den anderen aus dem Grunde abgewiesen, weil der Beklagte die Forderung schon eingezogen hatte, in Seuffert's Archiv XXXI. 304, weil die Forderung vom Beklagten bereits eingeklagt war; jene Verurtheilung würde hier gegenstandslos sein; im zweiten Falle könnte der Kläger seinen Zweck durch Intervention in dem anhängigen Process erreichen.

44) Jahrb. f. Dogmatik I. zur Cessionslehre § 21, vgl. S. 401. 486.

45) Vom 17. Mai 1874.

46) Zu dieser Klagengruppe würden auch die oben S. 13ff. be-

Der Schein einer principalen Feststellungsklage kann dadurch entstehen, dass in den Bereich des Civilprocesses gleichsam nur ein Segment eines Verfahrens fällt, welches in seinem ganzen Zusammenhange der Durchsetzung eines Anspruches dient. Dies ist z. B. der Fall, wenn einzelne im Expropriationsverfahren erforderliche Feststellungen durch das Gesetz an die Gerichte verwiesen sind; oder wenn in einem Gemeinheitstheilungs- oder einem Ablösungsverfahren streitige Rechte der Betheiligten nach der Bestimmung des Gesetzes im Wege des Civilprocesses festzustellen sind[47]).

In dieselbe Klagenkategorie fallen auch die Klagen des § 871 CPO. „welche — das Erlöschen eines Schiedsvertrages, die Unzulässigkeit des schiedsrichterlichen Verfahrens — zum Gegenstande haben". Sie bezwecken, für das schiedsgerichtliche Verfahren, im Laufe desselben, die endgültige[48]) staatsgerichtliche Entscheidung über die „Processvoraussetzungen" herbeizuführen, sie sind für den Beklagten des Schiedsstreites das Mittel, über seine processhindernden Einreden eine selbständige endgültige Vorentscheidung nach Analogie des § 248 CPO. zu bewirken[49]).

---

trachteten deutschrechtlichen Erscheinungen gehören; auch sind darunter alle die Fälle des heutigen Rechtes zu zählen, in welchen die streitige Sache sich nicht im Besitze eines der streitenden Theile, sondern einer Behörde befindet, welche dieselbe nur dem Sieger auszuliefern verpflichtet ist.

47) Dahin gehört Seuffert's Archiv XV. 79. Ein Hospital hat gegen eine Pfarrstelle Klage darauf erhoben, dass die Beklagte die Verbindlichkeit zur Besoldung des Pfarrers als eine ausschliesslich auf dem klägerischen Fruchtzehnten haftende Last anzuerkennen habe; nur solche Lasten hat nämlich (wie der Einsender bemerkt) das Württembergische Zehntablösungsgesetz für ablösbar erklärt, im Ablösungsverfahren aber hatte die Beklagte geltend gemacht, dass die fragliche Verbindlichkeit eine reine obligatorische des Klägers sei. Was also der Kläger begehrt, das ist nicht die Feststellung seines Rechtes als solche, sondern durch dieselbe die Ablösung — im Ablösungsverfahren.

48) Vgl. CPO. § 867 Z. 1.

49) Vgl. übrigens CPO. § 863 mit § 248 a. E.

§ 7. Construktion der Feststellungsklage.

Wir waren genöthigt, die eben betrachteten Klagen aus dem Kreise der Feststellungsklagen auszuscheiden, weil sie nicht die Feststellung als solche, sondern durch dieselbe einen anderen ausserprocessualen Erfolg, sei es in der Sphäre der Dinge, sei es unmittelbar nur in der Sphäre des Rechtes, erstrebten; weil sie ihn erstrebten vermittels einer Willensaktion des Beklagten oder der vollstreckenden Behörde; Feststellung erstrebten diese Klagen in keinem anderen Sinne wie jede auf eine Verurtheilung abzielende Klage. Was die Feststellungsklage von allen übrigen Klagen unterscheidet, ist eben dies, dass sie die Feststellung als solche und nichts als die Feststellung begehrt.

Freilich setzt auch die Feststellungsklage ein rechtliches Interesse voraus, zu dessen Befriedigung sie dienen soll. Aber diese Befriedigung ist nicht ein ausserprocessualer Erfolg, welcher vermittels einer durch das Urtheil angeregten Willensaktion erst verwirklicht werden soll; zu diesem Erfolg verhält sich das Urtheil nicht wie zur Wirkung die wirkende Ursache; dieser Erfolg ist unmittelbar mit der Feststellung selbst gegeben; mit der positiven Rechtskraft des Urtheils stellt er sich gleich einer Reflexwirkung von selber ein.

In seiner positiven Rechtskraft geht die ganze Wirksamkeit des Feststellungsurtheiles auf; die Rechtskraft aber ist etwas, was dem Urtheile als solchem vermöge des Gesetzes eigen ist; sie kann nicht als Inhalt eines gegen die Partei gerichteten Anspruches gedacht werden. Man mache den Versuch, sich vorzustellen, dass durch das Feststellungsurtheil eine Anerkennungserklärung[1]) der beklagten Partei ergänzt werde, so wird man sofort die Unmöglichkeit inne, zu scheiden zwischen Urtheil und zwischen Willenserklärung, zwischen den Wirkungen des Urtheils und zwischen denen der Willenserklärung, wie man es überall da kann, wo in Wirklichkeit eine Parteiwillens-

1) Als Willenserklärung gedacht, nur um eine solche kann es sich selbstverständlich hier handeln.

erklärung durch Urtheil ergänzt wird; die Wirkung der als ergänzt gedachten Willenserklärung fiele in Eins zusammen mit der positiven Rechtskraft des Urtheils, das heisst: in Wahrheit enthält das Feststellungsurtheil keine Ergänzung einer Willenserklärung.

Vielleicht aber dass Gegenstand eines Feststellungsanspruches eine Leistung des Beklagten wäre, welche wenn auch nicht hinter, so doch vor das Urtheil fallen soll. Auch das Feststellungsurtheil, wird gesagt[2]), bedürfe zu seinem Zustandekommen nothwendig der Mitwirkung des Beklagten; diese Mitwirkung aber sei nicht lediglich Gegenstand einer processualen Verpflichtung; neben dem processrechtlichen Anspruch auf wahrheitsgemässe Einlassung gehe nothwendig der materiellrechtliche Anspruch auf bejahende Einlassung einher[3]).

Wenn ich Degenkolb's hierauf bezügliche Ausführungen recht verstehe, so könnte es nur die bejahende, unmöglich aber die wahrheitsgemässe Einlassung sein, welche den Gegenstand des Feststellungsanspruches zu bilden geeignet wäre. Der Anspruch auf wahrheitsgemässe Einlassung in Degenkolb's Sinne ist ein wesentlich processrechtlicher; der Gegenstand dieses Anspruches kann nicht auch zugleich Gegenstand eines materiellrechtlichen Anspruches sein. Als möglicher Gegenstand des Feststellungsanspruches bleibt somit nur der Anspruch auf bejahende Einlassung.

Soviel muss aber hier unter allen Umständen betont werden: Fällt der Gegenstand des Feststellungsanspruches vor das Feststellungsurtheil, er mag sein welcher er wolle, so ist das Wesen des Feststellungsurtheils jedenfalls nicht für denselben entscheidend. Ist Gegenstand des Feststellungsanspruches die Mitwirkung des Beklagten in irgend welchem Sinne, deren auch das Feststellungsurtheil zu seinem Zustandekommen bedarf, so ist dieser Anspruch nicht weniger denkbar, wenn man den Gegensatz zwischen Feststellung und Verurtheilung anerkennt, als wenn man ihn, wie Degenkolb, läugnet.

---

2) Degenkolb S. 162.
3) Degenkolb S. 136 ff. 59 ff.

Die Mitwirkung des Beklagten nun, deren das Feststellungsurtheil, wie jedes Urtheil im Sinne Degenkolb's zu seinem Zustandekommen „bedarf", ist doch an sich nur die processuale Mitwirkung, nur die „wahrheitsgemässe Erklärung", welche den Gegenstand des processrechtlichen Anspruches des Klägers bildet. Von diesem processrechtlichen Anspruch aber ist der materiellrechtliche auf bejahende Einlassung nicht etwa bloss logisch geschieden, und nicht bloss sind beide von einander unabhängig in ihrer concreten Existenz; sie verhalten sich auch ihrer begrifflichen Existenz nach durchaus selbständig zu einander; denkbar ist jeder ohne den anderen; ja, denkt man sich einen Process, der dem Beklagten eine wahrheitsgemässe oder nicht wahrheitsgemässe Erklärung auf die Klage, eine eigentliche Mitwirkung zum Zustandekommen des Urtheils gar nicht zumuthete, so würde der materiellrechtliche Anspruch auf bejahende Erklärung erst recht zur Bedeutung gelangen; nur diese ausdrückliche Erklärung vermöchte dann den Kläger des lästigen Beweises zu überheben. Der materiellrechtliche Anspruch auf bejahende Erklärung ist mit dem processrechtlichen auf wahrheitsgemässe Erklärung nicht nothwendig gegeben; seine Existenz ist also nicht nothwendige Voraussetzung für das Zustandekommen des Urtheils; die wahrheitsgemässe Erklärung aber, deren es zum Zustandekommen des Urtheils „bedarf", kann nicht Gegenstand eines materiellrechtlichen Anspruches sein.

Weiter: der materiellrechtliche Anspruch auf bejahende Erklärung im Sinne Degenkolb's ist, klar gedacht, nothwendig ein secundärer Anspruch; er ist der Anspruch darauf, dass der Beklagte dem primären Anspruch durch sein Bestreiten kein Hemmniss bereite [4]). Er setzt folglich einen gegebenen Anspruch voraus und kann diesen nicht erst

---

4) Dies sagt im Grunde Degenkolb selbst S. 62: „Er (der materiellrechtliche Anspruch auf bejahende Erklärung) besteht: obwohl die Klage kein ausdrückliches Verlangen auf „positive Anerkennung" des geltend gemachten Rechtes von Seiten des Verklagten enthält und obwohl der Richterspruch ihn hinterher seinerseits mit Stillschweigen übergeht. Denn das Bestreiten erschwert die Durchsetzung des Rechtes" —.

selbst erzeugen. Der Gegenstand des primären Anspruchs bildet, wie sich auch in unseren Grenzfällen offenbarte, den Zweck wie der Klage, so des Urtheils, er wird überall hinter das Urtheil gedacht. Ja, denkt man sich den Process zum Klaganspruche in dem Verhältnisse, dass der Process das Mittel der Realisirung des Anspruches sei, so ist undenkbar ein Process, der den Klaganspruch im Process realisiren soll; denn damit würde der Zweck in das Mittel gedacht. Hinter dem Feststellungsurtheil aber ist nicht die Spur eines Anspruches aufzufinden.

Also: die Feststellung von der Verurtheilung scharf unterschieden, die Verurtheilung nothwendig auf die Bewirkung eines Erfolges durch unmittelbare Willensbestimmung gerichtet, das Feststellungsurtheil nur dadurch wirksam, dass es vermöge seiner positiven Rechtskraft zur Grundlage künftig möglicher Ansprüche, künftig möglicher Verurtheilungen werden kann, die Feststellungsklage auf das Feststellungsurtheil als solches gerichtet, die Feststellungsklage ohne die Grundlage eines Feststellungsanspruches und doch: „kein iudicium ohne actio“[5]); das sind die Punkte, deren Verbindung die Construktion des Feststellungsprocesses ergibt.

Ihre Verbindung aber führt zu dem Begriffe der Processanticipation. Feststellungsprocesse sind allemal anticipirte Processe; sie sind nicht eigentliche selbständige iudicia, sie entbehren der actio; anticipirt sind in ihnen als künftighin möglich gedachte Processe über solche Ansprüche, zu denen das Fundament jedenfalls bereits gelegt sein muss durch gegenwärtige Rechtsverhältnisse. Anticipirt werden diese Processe insoweit, als nothwendiger Bestandtheil derselben die Feststellung dieser gegenwärtigen Rechtsverhältnisse sein müsste. Die Feststellungsklage ist nichts weiter als der Antrag auf diese Processanticipation.

Die Feststellungsklage ist positive Feststellungsklage, wenn der Anticipationsantrag von der als künftigen Kläger gedachten Partei ausgeht; denken wir uns den Anticipationsantrag von dem möglichen Beklagten ausgehend, so erhalten wir die negative Feststellungsklage.

---

5) Wetzell, System § 5.

Gegenstand des Feststellungsprocesses kann, nach der CPO., auch die Thatsache der Echtheit oder Unechtheit einer Urkunde sein. Die Urkunde kann gedacht sein als Beweismittel einer künftigen Klagethatsache oder Träger eines künftig klagbegründenden Rechtsverhältnisses, oder sie kann gedacht sein als Beweismittel einer künftigen Einrede. In den beiden ersten Fällen wird der Antrag auf Feststellung der Echtheit der Urkunde vom künftigen Kläger, der Antrag auf Feststellung der Unechtheit vom künftigen Beklagten ausgehen; im letzteren Falle umgekehrt.

Es deckt sich diese dogmatische Entwickelung, wie sie von dem historisch gegebenen Begriffe des Feststellungsurtheiles ausgeht, mit der historischen Entwickelung ganz genau. In dem Kläger des negativen Feststellungsprocesses hat das italienische und auf Grund des italienischen das gemeine Recht immer nur den „reus" im materiellen Sinn, den möglichen Beklagten im formalen Sinne gesehen, der zur Sicherung vor künftigem Angriff negative Feststellung oder Feststellung seiner Einrede begehre; aus dem deutschrechtlichen Erbieten zur Vertheidigung ist formal eine Klage geworden, deren materieller Inhalt doch kein anderer als der einer Vertheidigungshandlung ist.

Aus der negativen Feststellungsklage heraus hat sich die positive des gemeinen Rechtes entwickelt: wie es dem möglichen Beklagten gestattet ist, seine Vertheidigung anticipirend, negative Feststellung seiner Einrede zu beantragen, so wird auch dem künftig möglichen Kläger der anticipirte Antrag auf positive Feststellung, auf Feststellung seines Rechtes gestattet. Der historische Weg von der negativen zur positiven Feststellungsklage ist genau der umgekehrte unseres dogmatischen von der positiven zur negativen Feststellungsklage; und dieser dogmatische Weg hat mit logischer Consequenz zu demjenigen Begriffe der negativen Feststellungsklage geführt, der allein der historisch gegebene ist, und der ihr von ihrem Ursprung her als Charakter indelebilis anhaftet.

Nur der etwas unklare Ausdruck für die historisch gegebene Construktion der positiven Feststellungsklage ist die gemeinrechtliche Formulirung, dass sie Antrag auf declaratio eines ius futurum sei; denn es ist klar, dass der eigentliche Gegenstand einer Feststellung etwas Gegebenes sein muss; das ius, welches declarirt werden soll, ist immer ein praesens; in futuro ist nur der Anspruch; Antrag auf declaratio eines ius futurum bedeutet in Wahrheit nur: Antrag auf declaratio eines ius praesens, aber in nothwendiger Beziehung zu einer futura actio[6]).

§ 8. Anticipation.

Es liegt im Begriffe der Anticipation, dass sie die Anticipation von etwas als künftighin möglich Gedachtem ist; das Rechtsverhältniss aber, welches den Gegenstand des Feststellungsprocesses bilden soll, muss nothwendig etwas Gegebenes, es muss als ein gegenwärtiges behauptet oder negirt sein; ebenso kann eine Urkunde nur insoweit den Gegenstand eines Feststellungsprocesses bilden, als sie für ein als bestehend behauptetes oder negirtes Rechtsverhältniss von Bedeutung ist. Ein untergegangenes Rechtsverhältniss kann auch für den Feststellungsprocess nur insofern von Relevanz sein, als es das Bestehen oder Nichtbestehen eines als gegenwärtig behaupteten oder negirten Rechtsverhältnisses bedingt[1]).

Gegenstand eines Feststellungsprocesses kann an sich jedes rechtlich bestimmte Verhältniss[2]), es muss aber nothwendig ein solches sein, aus welchem unter den Parteien Ansprüche erwachsen können; es folgt dies unmittelbar aus der gegebenen Construktion der Feststellungsklage. Ein Feststellungsprocess ist nur möglich zwischen solchen Parteien, zwischen welchen auf Grund des Feststellungsurtheils eine rechtswirksame Verurtheilung möglich ist. In der That wäre ohne diese Möglichkeit das Feststellungsurtheil völlig bedeutungslos. In der Praxis ist denn auch diese Consequenz anerkannt[3]).

---

6) Die Klage auf Urkundenanerkennung tritt, wie gezeigt, historisch gleich als Processanticipation auf.

1) Z. B. es wird eine Klage auf Feststellung des Nichtbestehens einer condictio indebiti erhoben; entscheidend dafür ist die Frage, ob die Obligation bestanden habe.

2) Also z. B. auch der Besitz.

3) In Seuffert's Archiv Bd. 33 Nr. 186 wird die vom Ce-

Wie der Process selbst, so kann die Processanticipation auch gegen den widerstrebenden Willen des Beklagten durchgesetzt werden; als Zwangsmittel steht dem Kläger das gewöhnliche Versäumnissverfahren zu Gebote, und es ist dies das geeignete Mittel deshalb, weil es in jedem Falle zunächst auf die Gewinnung eines rechtskräftigen Urtheils gerichtet ist. Wie dieses Verfahren im Uebrigen zu denken sei, bedarf für die Feststellungsklage keiner besonderen Untersuchung.

Auch im Feststellungsprocesse ist[4]) wie sonst auf Antrag des Gegners das ausdrückliche Anerkenntniss des Beklagten, und ist ebenso der Verzicht des Klägers durch deklaratorisches Urtheil festzustellen; denn das deklaratorische Urtheil ist, auch wenn es auf eine Leistung ver-

---

denten gegen den Bürgen nach geschehener Denuntiation erhobene Klage auf Anerkennung der Bürgschaft deshalb abgewiesen, weil künftig ein Anspruch des Cedenten aus der Bürgschaft nicht mehr möglich sei. (OAG. Stuttgart.) In den Entsch. des ROHG. Bd. 23 S. 124 wird die Präjudicialklage eines Genossenschafters gegen den Conkursverwalter abgewiesen, weil Kläger doch nur durch eine Klage gegen die Genossenschafter seine Befreiung von der ihm durch den Vertheilungsplan auferlegten Verbindlichkeit bewirken könne. Das. Bd. 21 Nr. 69 wird die Klage des Agenten eines Handlungshauses darauf, dass Beklagter unterlasse sich als Agent desselben Hauses zu geriren, abgewiesen, das Vermögensinteresse des Klägers aber anerkannt. Hier wäre auch eine Feststellungsklage — trotz des Interesses — nicht möglich. Der Entwurf der Badischen Processordnung von 1848 (§ 41 später 39) verlangte die Gewissheit, dass der Zeitpunkt eintreten werde, „in welchem das bestrittene Recht in Wirksamkeit treten werde". Dieses Erforderniss wird in dem Entwurf von 1850 und in der Processordnung selber nicht aufgestellt. Nichtsdestoweniger folgert ein Urtheil des OHG. aus der Entstehungsgeschichte des § 256, dass „das rechtliche Interesse an der sofortigen Entscheidung vor stattgehabter Rechtsverletzung nur bei solchen Verbindlichkeiten anzunehmen sei, deren Wirksamkeit zwar noch nicht eingetreten, von denen aber gewiss sei, dass der Zeitpunkt der Wirksamkeit dereinst eintreten werde". Vgl. v. Freydorf, Comment. z. Bad. CPO. § 256. Nr. 6. Gewiss im eigentlichen Sinne des Wortes ist es ja aber niemals, dass das festgestellte Recht dereinst auch wirksam werde.

4) CPO. § 278. 277.

folgende Klage ergeht, nicht bloss dazu bestimmt, Grundlage der Exekution, sondern auch Träger der positiven Rechtskraft zu sein.

Hat aber „der Beklagte nicht durch sein Verhalten zur Erhebung der Klage Veranlassung gegeben, so fallen dem Kläger die Processkosten zur Last, wenn der Beklagte den Anspruch sofort anerkennt". Die Motive der CPO. weisen darauf hin, dass dies Princip vorzugsweise gerade für die Feststellungsklage praktische Bedeutung gewinnen werde.

Abzuwenden ist dagegen der Feststellungsprocess durch den Beklagten unmittelbar wenigstens nicht [5]), weil er eben nicht auf Leistung der Partei, sondern auf das gerichtliche Feststellungsurtheil gerichtet, weil er eben Processanticipation ist. Allein er ist darum nicht völlig unabwendbar; er ist mittelbar abzuwenden, indem, was im conkreten Falle sehr wohl möglich ist, seine Voraussetzung, das rechtliche Interesse, zerstört wird.

§ 9. Rechtliches Interesse.

Die nothwendige Voraussetzung des Feststellungsprocesses ist ein rechtliches Interesse des Klägers an der Feststellung; es genügt nicht der übereinstimmende Wille der Parteien, wie bei der blossen Anticipation einer Zeugenbeweisaufnahme [1]).

Das Interesse muss ein Interesse an der Feststellung als solcher sein; es muss in der Feststellung seine Befriedigung finden. Wo vermittels der Feststellung ein anderer, ausserprocessualer Erfolg erreicht werden soll, da ist nicht die Feststellungsklage anwendbar, da ist nach einem Anspruch, im materiellrechtlichen Sinne, zu suchen [2]).

---

5) Vgl. Degenkolb S. 163—168.

1) CPO. § 450.

2) Das gilt z. B. auch von den Fällen, welche Degenkolb S. 201 (Mitwirkung zur Veräusserung eines Fideicommissgutes) und S. 185 N. 2 (Mitwirkung zur Urkundenamortisation) erwähnt; die rechtliche Natur dieser Fälle lässt sich ohne eingehendere Kenntniss der einschlägigen partikularrechtlichen Bestimmungen nicht bestimmen.

Das Interesse muss ein Interesse an der anticipirten Feststellung sein. Das Gesetz bezeichnet es als Interesse an der alsbaldigen Feststellung [3]).

Das Interesse muss ein rechtliches, d. h. ein vom Recht anerkanntes sein; und zwar ein vom Privatrecht anerkanntes; denn der Civilprocess steht seinem Begriffe nach nur im Dienste des Privatrechtes. Rechtliches Interesse [4]) ist nicht gleich Recht; es gibt Interessen, welche das Recht anerkennt, welche in Rechtsfolgen ihre rechtliche Bedeutsamkeit äussern, welche sogar bestimmend auf ganze Rechtsinstitute eingewirkt haben, welche darum aber nicht Rechte sind. An dolose Schädigung fremden Credits knüpft die Rechtsordnung die Schadenersatzpflicht des Schädigenden, den Schadenersatzanspruch des Geschädigten; darum ist aber der Credit kein Recht. Er wäre ein Recht ohne Inhalt; denn auf die Frage, zu welcher jedes Recht begrifflich nöthigt, auf die Frage, wozu es berechtige, gibt hier kein Rechtssatz die Antwort. Nichtsdestoweniger kann es nicht bezweifelt werden, dass creditschädigendes Berühmen mit einer Forderung, wenn auch im besten Glauben geschehen, negative Feststellungsklage begründet, wie es nach gemeinem Recht die provocatio ex l. diffamari begründete, welche, nach der Intention des Gesetzes, durch die negative Feststellungsklage ersetzt werden soll. Die Rechtsordnung befriedigt Interessen nicht bloss in Form von subjektiven Rechten; und das gilt namentlich von solchen, welche erst durch die Rechtsordnung selber hervorgerufen werden. Die Rechtsordnung verleiht dem Berechtigten Klage zum Schutze seines Rechtes; für den Verpflichteten knüpft sich daran das Interesse, mit Klage nicht ewig bedroht zu sein; die Rechtsordnung befriedigt

3) Ein Interesse an der positiven Feststellung wird daher regelmässig dann nicht vorhanden sein, wenn bereits ein gegenwärtiger Anspruch aus dem festzustellenden Rechtsverhältniss erwachsen ist; undenkbar wäre aber auch in diesem Falle ein Interesse an der Feststellung nicht; wenn z. B. die Entscheidung über den Anspruch weitaussehende Untersuchung erfordern würde, und das Interesse an der Feststellung schleunige Befriedigung erheischt.

4) Vgl. hiezu Heyssler in Grünhut's Zeitschrift V. S. 210 N. 10.

es in Form der Klagenverjährung und erhebt es dadurch zum rechtlichen Interesse.

Man kann das Erforderniss des rechtlichen Interesses an der Feststellung auch so umschreiben: es muss die Feststellung nach richterlichem Ermessen nothwendig erscheinen zur Abwendung eines Nachtheiles [5]), welcher ohne die Feststellung dem Kläger in Bezug auf ein Privatrechtsgut, d. h. ein vom Privatrecht geschütztes Gut, erwachsen würde [6]).

Häufig wird das Interesse in dem ökonomischen Uebelstande gelegen sein, welchen die Ungewissheit über das Bestehen oder Nichtbestehen eines Rechtsverhältnisses mit sich bringt. Vorausgesetzt wird dabei natürlich, dass die Ungewissheit in objektiven Umständen ihren Grund habe [7]). Auch begründet nicht jede Ungewissheit ein Interesse oder doch ein erhebliches Interesse (minima non curat praetor) an der Feststellung. Ob ein solches vorhanden, wird sich in der Regel nach der Bedeutung entscheiden, welche das ungewisse Rechtsverhältniss für das wirthschaftliche Verhalten des Klägers seiner Natur nach hat [8]). Uebrigens kann die Ungewissheit ebensowohl in einer Zweifelhaftigkeit der relevanten Rechtssätze wie der relevanten Thatsachen ihren Grund haben [9]). — Unzweifelhaft wird das Vorhandensein des rechtlichen Interesses dann sein, wenn gerade der Zweck des festzustellenden Rechtsverhältnisses ohne die Feststellung vereitelt, seine Erreichung wenigstens erschwert werden würde [10]).

---

5) Im weiteren technischen Sinne genommen s. Windscheid, Pandekten § 258 N. 1.

6) Diese Umschreibung ergibt sich unmittelbar aus der hypothetischen Natur (vgl. Cohnfeldt, Lehre vom Interesse S. 57, Thon, Rechtsnorm S. 197) des Interesses. Jede engere Umschreibung würde im Widerspruch stehen mit dem Umfang, welchen die Praxis den Feststellungsklagen thatsächlich bereits gegeben hat.

7) Meist in der Bestreitung des Beklagten.

8) Vgl. Entsch. d. ROHG. Bd. IX Nr. 12, wo ein Gesellschaftsverhältniss in Frage steht.

9) In Seuffert's Archiv Bd. 9 Nr. 257 wird die Klage deshalb abgewiesen, weil der Kläger festgestellt begehre, was im Gesetze schon klar ausgesprochen sei.

10) S. z. B. Seuffert's Archiv Bd. 3 Nr. 306; der Gutsüber-

Nicht nothwendig ist es aber, dass das rechtliche Interesse mit dem festzustellenden Rechtsverhältnisse in rechtlichem Zusammenhang stehe; ist es der Fall, so concurrirt möglicher Weise eine Klage aus dem festzustellenden Rechtsverhältniss.

Im Ganzen ist das Vorhandensein des rechtlichen Interesses Frage des einzelnen Falles, bei deren Beurtheilung dem richterlichen Ermessen ein nothwendiger Spielraum gelassen ist. Die damit verbundene Gefahr ist von keiner Erheblichkeit, wenn man nur die Feststellungsklagen an sich in den begrifflichen Schranken ihrer Anwendung hält.

Freilich würde das so definirte Interesse allein nicht ausreichen, ein Rechtsmittel zu begründen [11]; aber es genügt, um ein an sich schon bestimmtes Rechtsmittel in seiner Anwendung zu beschränken. Nicht ist der Feststellungsprocess voraussetzungslos wie das deutschrechtliche Erbieten zur Vertheidigung; nach unserer Vorstellung ist der Civilprocess wesentlich zum Schutze gegenwärtiger rechtlicher Interessen bestimmt. Aber in unserem Falle erfüllt er diese Aufgabe nicht, indem er eine actio durchsetzt; die actio ist nicht die einzig denkbare Gestalt des Interessenschutzes. Das zeigt deutlich das historische Beispiel der Extrajudicialappellation; sie ist ein ganz abstraktes, auf alle Rechtsverhältnisse anwendbares Schutzmittel; sie setzt ein Recht nur insofern voraus, als es nothwendig erscheint, ein relevantes gravamen zu begründen. Die Klage auf Confirmation, die Klage auf Nichtigkeitserklärung sind von Haus aus processualische Rechtsmittel. Die allgemeinen Feststellungsmittel des italienischen Mittelalters stehen in ausgesprochenem Gegensatz zum Aktionensystem. Auch die Feststellungsklagen der Civilprocessordnung sind an sich ganz processualisch gedacht. Unzweifelhaft hat beim Vorhandensein des rechtlichen Interesses der Kläger ein Recht auf Feststellung; er hat einen Feststellungsanspruch

---

nehmer bestreitet seine Verpflichtung, die Töchter des früheren Besitzers im Falle ihrer Verheirathung auszustatten.

11) Vgl. Degenkolb S. 53.

— aber in keinem anderen Sinne als er etwa einen Anspruch auf Sicherung seines Beweises hat. Man mag also immerhin von Feststellungsansprüchen reden — wenn man sich nur des Unterschiedes der Feststellungsansprüche von den rein materiellrechtlichen Ansprüchen, den Aktionen bewusst bleibt; zweckmässiger scheint es aber jedenfalls diesen Unterschied auch in der Terminologie nicht zu verwischen [12]).

Es kann nicht fehlen, dass ein so construirtes, an sich auf alle vorhandenen Rechtsverhältnisse anwendbares Rechtsmittel an manchen Stellen in Conkurrenz mit einem anderen Rechtsmittel tritt, dass der Befriedigung des Interesses, welche die Feststellungsklage bezweckt, daneben auch eine andere Klage zu dienen bestimmt ist; dann ist aber stets auch die Art der Befriedigung eine andere. Es ist eine Frage für sich, ob eine sog. turbatio verbis, ob bloss wörtliche „Störung" des Eigenthums geeignet ist, die actio negatoria hervorzurufen; bejaht man diese Frage, so bleibt doch immer ein bedeutender Unterschied zwischen der actio negatoria in dieser Anwendung und einer Klage auf Feststellung im gleichen Falle. Denn die actio negatoria ist die Aeusserung des Eigenthumsrechtes, sie ist begrifflich die Reaktion des Eigenthumes gegen eine Störung desselben; für die Feststellungsklage ist es durchaus zufällig, dass das Interesse an der Feststellung in der Abwendung einer Störung gerade von dem Rechtsverhältnisse beruht, welches das Objekt der Feststellung bildet; die Feststellungsklage will nur wirken durch die Feststellung als solche, die actio negatoria geht auf unmittelbare Willensbestimmung, auf die Auslösung des Sicherungszwanges. Ganz ebenso ist die Klage auf Feststellung des Besitzes wesentlich verschieden von einer Besitzstörungsklage, die als solche auf richterliches Verbot der Besitzesstörung hinausgeht [13]).

Das Interesse bildet nur die Voraussetzung der Processanticipation; die Abweisung einer Feststellungsklage

12) Vgl. Windscheid, Pandekten I. § 45 a. E.

13) S. Bruns, Besitzklagen S. 75 u. 76.

wegen mangelnden Interesses besagt nichts weiter, als dass die Voraussetzung zu der beantragten Anticipation nicht vorliege, dass der Anticipationsantrag nicht statthaft sei; die Abweisung einer Feststellungsklage wegen mangelnden Interesses ist immer nur eine Abweisung wie angebracht. Die definitive Abweisung einer positiven Feststellungsklage kann nur darum erfolgen, weil das fragliche Rechtsverhältniss nicht bestehe, die fragliche Urkunde unecht sei, die definitive Abweisung einer negativen Feststellungsklage nur, weil das fragliche Rechtsverhältniss bestehe, die fragliche Urkunde echt sei.

Daraus folgt unmittelbar: definitive Abweisung der positiven Feststellungsklage ist gleich dem entsprechenden negativen, definitive Abweisung der negativen Feststellungsklage gleich dem entsprechenden positiven Feststellungsurtheil[14]).

Vorhanden muss die Voraussetzung des Feststellungsprocesses, das rechtliche Interesse, sowohl im Moment der Klage als im Moment des Urtheils sein[15]); aber es können die Interessen im Laufe des Processes wechseln, es kann beim Wegfall eines Interesses ein anderes geltend gemacht werden, ohne dass eine Klagänderung im Sinne der CPO. darin gelegen wäre; und es können ebenso mehrere concurrirende Interessen zugleich geltend gemacht werden, ohne dass darin eine Klagencumulation gelegen wäre[16]).

§ 10. Weitere Consequenzen.

Begriffsmässig verträgt sich der Feststellungsprocess nicht mit allen den Rechtsinstituten, welche mit der Exekution im wesentlichen Zusammenhange stehen. Unzulässig wäre daher mit Bezug auf einen Feststellungsprocess nach der Wetzell'schen Construktion eine Hauptinter-

14) Anders und von seinem Standpunkt aus consequent Degenkolb S. 228.

15) Vgl. l. 7 § 7 D. ad exhib. (10, 4).

16) Wird über jedes Interesse besonders entschieden, so ist folglich jede Entscheidung bloss Zwischenurtheil im Sinne des § 275 CPO.; eine Abweisung könnte erst dann erfolgen, wenn keines der geltend gemachten Interessen als begründet anerkannt worden wäre.

vention; denn nach Wetzell[1]) kömmt „da, wo ein Dritter in einen anhängigen Process eintritt, um durch die Geltendmachung eines besseren Rechts den Kläger auszuschliessen, lediglich die Suspension der Exekution in Frage". Hier kann im Gegensatze zu dieser Auffassung nur soviel hervorgehoben werden, dass auch mit Bezug auf einen Feststellungsprocess eine Hauptintervention durchaus zulässig erscheint. Selbstverständlich ist auch im Feststellungsprocess Nebenintervention statthaft, und Streitverkündigung in den gesetzlichen Fällen zulässig und geboten.

Aus dem Anticipationsbegriffe ergibt sich in Verbindung mit dem oben dargelegten Verhältniss der Feststellungsurtheile für die Frage der Rechtshängigkeit[2]): Die Erhebung der positiven Feststellungsklage begründet die Einrede der Rechtshängigkeit[3]) gegenüber der entsprechenden negativen Feststellungsklage und gegenüber der Leistung aus dem festzustellenden Rechtsverhältniss verfolgenden Klage; ebenso die negative Feststellungsklage gegenüber der positiven und gegenüber der Leistung verfolgenden Klage[4]); die Leistung verfolgende Klage gegenüber der positiven wie gegenüber der negativen Feststellungsklage[5]).

Es folgt weiter aus dem Anticipationsbegriffe: Entspringt während des positiven Feststellungsprocesses aus dem festzustellenden Rechtsverhältniss ein fälliger Anspruch auf Leistung, so kann die Feststellungsklage in die Klage auf Leistung übergehen; dieser Uebergang ist an sich nur eine Erweiterung des Klagantrages, er ist keine Klagänderung[6]), sofern nur die Feststellungsklage wesentlich auch die Bezeichnung des Thatbestandes enthält, welcher den Anspruch bedingt[7]). Ebenso wird man

---

1) System 3. Aufl. S. 857 (§ 64 zu Note 17 a).

2) CPO. § 235. 230.

3) CPO. § 235 Z. 1.

4) So auch Entsch. des ROHG. Bd. 12 Nr. 68.

5) Dies Alles auch mit Bezug auf die Incidentfeststellungsklage des § 253 CPO.

6) CPO. § 240 Z. 2.

7) Z. B. es ist die Klage auf Feststellung einer bedingten Forderung erhoben; während des Feststellungsprocesses tritt die

aber auch im negativen Feststellungsprocess dem Beklagten eine Widerklage auf Leistung aus dem streitigen Rechtsverhältnisse nicht versagen dürfen, sofern man davon ausgeht, dass nach dem oben Ausgeführten die auf definitive Abweisung der negativen Feststellungsklage gerichtete Gegenbitte des Beklagten inhaltlich einer positiven Feststellungsklage gleich ist [8]). Wird eine derartige Widerklage erhoben, so entfällt freilich das Interesse an der negativen Feststellungsklage als solcher, die negative Festsellungsklage geht auf in der Gegenbitte um Abweisung der Widerklage, und das ganze Material des Feststellungsprocesses wird unmittelbar Material des Verurtheilung bezielenden Processes. Eine Klagänderung ist es ferner nicht, wenn im negativen Feststellungsprocess der Kläger, was er auch als Beklagter dürfte, an Stelle der anfänglichen Negation der Entstehungsthatsachen des Rechtsverhältnisses die Behauptung von Einredethatsachen setzt.

Bezüglich der Beweislast ergibt unsere Construktion von selber den Satz, welchen die Motive [9]) ausdrücklich aussprechen, dass „hinsichtlich der Existenz oder Nichtexistenz des Rechtsverhältnisses bezw. der Echtheit oder Unechtheit einer Urkunde eine Aenderung in der Beweislast nicht herbeigeführt wird“. Beruht also z. B. die negative Feststellungsklage auf Negation der Entstehung des Rechtsverhältnisses, so ist dieselbe vom Beklagten zu beweisen; gründet sie sich auf Einredethatsachen, so liegt deren Beweis dem Kläger ob. Der Beweis der das Interesse begründenden Thatsachen liegt unter allen Umständen dem Kläger ob.

Endlich ist bezüglich der Zuständigkeitsfrage die nothwendige Consequenz unseres Principes: die sachliche

---

Bedingung ein. Der Eigenthümer erhebt Klage auf Feststellung seines Eigenthums gegen den Niessbraucher, welcher sich Eigenthum an der Niessbrauchsache zuschreibt; während des Processes endigt der Niessbrauch. Anders übrigens, vom Standpunkt des gemeinen Rechts, Entsch. des ROHG. Bd. XVI. Nr. 36.

8) Der nach CPO. § 33 zur Widerklage erforderliche rechtliche Zusammenhang ist hier nothwendig gegeben.

9) Zu § 223 des Entw. von 1874.

Zuständigkeit für den Feststellungsprocess bestimmt sich nach dem Rechtsverhältniss, welches den Gegenstand des Feststellungsprocesses bildet, also nach dem Werthe desselben, soweit sie durch den Werth der Streitsache bedingt ist; und die für ein bestimmtes Rechtsverhältniss begründete räumliche Competenz ist begründet auch für den Feststellungsprocess, welcher zu seinem Gegenstande dies Rechtsverhältniss hat[10]).

10) Vgl. CPO. § 29. Die allgemeinen Gerichtsstände sind durch die formale Parteistellung bestimmt, daher z. B. die negative Feststellungsklage nicht etwa im allgemeinen Gerichtsstand des Klägers erhoben werden kann.

Universitäts-Buchdruckerei von Carl Georgi in Bonn.

FSC
www.fsc.org
MIX
Papier | Fördert gute Waldnutzung
FSC® C083411

Kolibri 360 GmbH
Ferdinand-Jühlke-Straße 7
99095 Erfurt, Deutschland
produktsicherheit@kolibri360.de